Sorts et rituels pour la Santé

Tous les rituels, sorts, amulettes et talismans pour attirer la santé et le bien-être dans votre vie.

Alina A. Rubi/Angeline A. Rubi

Contents

Introduction

Les sorts et les rituels de santé avec la magie blanche aident à améliorer votre santé, mais il est très important de garder à l'esprit qu'ils ne remplacent aucun médecin, ni les traitements qu'ils prescrivent.

Au Moyen Âge, les mages étaient brûlés vifs, à notre époque ils sont satirisés, ce qui est terrible parce que le ridicule ne crée pas de martyrs. La religion craint la magie parce qu'elle craint que les mages ne remplacent les prêtres ; Ainsi, il rejette tout ce qui n'est pas dans ses dogmes établis. Heureusement, en ce moment, il y a des gens qui osent franchir toutes ces barrières.

Les sorts de santé sont très populaires dans le monde de la magie, après ceux de l'amour ou de l'argent, les sorts de santé sont très recherchés pour leur grande efficacité, bien qu'ils ne soient pas faciles à faire car la santé est un sujet sensible.

Pourquoi mes sorts ne fonctionnent-ils pas ?

Il y a d'innombrables raisons pour lesquelles un sort peut ne pas fonctionner, et c'est pourquoi, sans nous en rendre compte, nous faisons des erreurs. L'énergie des rituels est gaspillée si beaucoup de gens savent ce que vous faites. Si vous aimez faire de la magie, vous ne la répandez pas, vous devriez économiser votre énergie pour les rituels que vous pratiquerez. C'était et c'est l'une des règles les plus importantes des sorciers.

Il est très important d'avoir défini quel est le but ou le but du rituel ou du sort, car cela donnera de la vitalité au travail que nous faisons. Lorsque nous commençons à travailler avec la magie, nous devons savoir exactement quel but nous voulons atteindre. Nous devons être capables de résumer notre objectif en une seule phrase logique.

Nous devons nous assurer que nous avons tous les composants dont nous avons besoin et que ceux-ci sont exempts d'énergies négatives. Chaque rituel a une liste pour sa préparation, mais vous devez vous rappeler que nous pouvons faire des substitutions, si vous trouvez un élément, vous pouvez le remplacer par un autre, et cela atteindra le même but.

Notre humeur est fondamentale, nos émotions doivent être équilibrées et nous devons nous sentir confiants et optimistes. Il ne devrait pas y avoir la moindre chance que nous voulions nuire à quelqu'un d'autre. Le résultat d'un rituel dépend beaucoup de vous. Il est essentiel que vos émotions soient en phase avec la méthode, par exemple : si vous voulez de l'argent, supposez que vous allez l'acquérir en grosses sommes. L'approche influence le résultat.

Pour obtenir des résultats positifs, nous devons les pratiquer au bon moment.

Ces périodes magiques sont liées à l'astrologie et nous devons les connaître et programmer nos rituels pour ces périodes qui seront les plus appropriées pour effectuer notre magie.

Vous ne devez pas effectuer simultanément des sorts du même type, car cela provoque une intersection d'énergies. Concentrez-vous sur l'un juste pour le bon résultat, pour le simple fait d'essayer, vous ne travaillerez plus correctement, l'idée même d'effectuer les autres suffit déjà à affaiblir le premier rituel. La chose la plus sensée est de renforcer le premier travail. N'effectuez jamais de magie en expérimentant, ce qui peut causer des difficultés dans votre vie quotidienne, car cela peut inciter à des énergies étranges. Dans des circonstances particulières, telles que des situations urgentes, le rituel est répété au moins trois fois, sur des jours consécutifs dans la même semaine, à l'heure désignée de la Terre, et dans certains cas trois fois le même jour, mais toujours à des moments appropriés.

Les quatre points cardinaux sont fondamentaux pour obtenir de bons résultats dans la pratique de la magie. Les points cardinaux se distinguent par la position du Soleil par rapport à la Terre : Nord, Sud, Est, Ouest.

La nature est guidée par ces quatre points, de sorte qu'à chacun d'eux appartient l'un des éléments rituels. Chacun a des qualités et des énergies uniques.

Le Nord, c'est la terre, la sécurité et la cohérence. C'est une énergie féminine et fertile. Il est symbolisé par la couleur verte. Il est lié à la santé et à la puissance du physique. Ce point favorise les rituels monétaires et le succès.

L'Ouest correspond à l'eau, il est émotionnel, sensible, généralement représenté par la couleur bleue. Les pratiques dédiées à ce point cardinal activent toutes sortes de problèmes.

Le **Sud** est feu, il montre de l'énergie, des activités psychiques, de la passion et du désir. C'est une énergie masculine. Correspond à la couleur rouge.

L'Orient représente l'air, il est associé à l'intellect, à la créativité, à l'abstraction et aux facultés mentales. C'est une énergie masculine, sa couleur est jaune.

Tous les éléments sont fondamentaux dans nos vies et ont des caractéristiques positives et négatives. Il est essentiel de les connaître pour canaliser et protéger correctement les énergies. Tous les rituels magiques peuvent commencer par une invocation aux points cardinaux et la formation d'un cercle d'énergie à l'intérieur duquel invoquer des entités sacrées. Chacun de ces points géographiques possède une vibration particulière, propice à savoir l'exploiter dans nos rituels.

Cercle magique pour vos rituels

Le cercle magique est un cercle consacré dans lequel le travail secret est effectué. C'est un espace hermétique pour les sorts et les rituels magiques, agissant comme une barrière protectrice contre les mauvaises énergies.

Dans ce cercle magique, la personne effectuant le rituel peut invoquer ou invoquer tout être spirituel dont elle a besoin pour l'aider dans le rituel. Des cercles magiques sont créés pour que le magicien et les personnes participant au rituel y restent pendant l'opération magique. Le cercle doit être nettoyé et gardé sacré afin qu'il fonctionne comme un mur de refuge.

Vous devez délimiter l'espace pour le rituel avant de commencer. Nous ne dessinons pas tous le cercle de la même manière, nous expérimentons ce qui est le plus faisable pour vous. Déterminer l'espace que vous utiliserez dans votre rituel est très important, examinez si vous devez vous asseoir ou vous tenir debout, si vous serez seul ou si d'autres personnes vous accompagneront.

Vous devez confirmer que tout est nécessaire pour le rituel que vous avez avant de dessiner le cercle. Si vous devez interrompre le rituel pour une raison quelconque, essayez d'imaginer une petite porte dans le cercle, que vous pouvez fermer jusqu'à votre retour. De cette façon, le cercle n'est pas brisé. Purifiez votre zone rituelle, nettoyez physiquement, organisez-vous et passez l'aspirateur si nécessaire. Purifiez la zone des énergies négatives et vous pouvez commencer à dessiner votre propre cercle.

Il y a plusieurs façons de le faire, généralement les gens le tracent avec une baguette magique ou avec leur main. L'instrument que vous utilisez ne doit pas toucher le sol, il suffit de pointer vers le bas. Visualisez l'énergie qui sort de vous et concentrez-la sur votre bras dominant. Concentrez-vous à travers votre instrument et visualisez un faisceau d'énergie émanant de celui-ci et fusionnant avec le sol. Certains sorciers revendiquent les quatre points (nord, sud, est et ouest) si le rituel implique des invocations. Dans certains cas, le cercle est délimité par des bougies ou des pierres. Il est conseillé d'imaginer le cercle comme une sphère d'énergie. Une fois que vous avez dessiné le cercle, vous pouvez commencer le rituel, mais vous ne devez jamais oublier son existence.

Ouvrir le cercle est marqué en faveur des aiguilles de l'horloge, et de le sortir et de le fermer dans le sens inverse des aiguilles d'une montre. Pour protéger votre cercle, et sert également à le marquer visuellement, vous pouvez placer quatre tourmalines noires sur les quatre points cardinaux. Lorsque vous fermez le cercle, vous les collectez et les nettoyez avec du sel de mer.

Enfin, nous pouvons résumer que les rituels se composent de deux phases significatives : l'organisation et la réalisation. Pendant la préparation, nous définissons le but du rituel, l'heure et le jour où nous allons commencer, les couleurs appropriées, les bougies, l'encens, la disposition de l'autel. Les vêtements que nous porterons doivent être très légers pour permettre le mouvement. Les couleurs peuvent être blanches ou claires pour qu'il y ait une fluidité énergétique. Le matériel nécessaire ainsi que les textes. Lorsque nous avançons, c'est-à-dire dans la phase d'exécution, nous devons purifier l'espace, préparer l'autel, être détendus non seulement spirituellement, mais physiquement. Ouvrez le cercle magique et commencez à visualiser le but du rituel déjà effectué. Les invocations sont de la plus haute importance, transcrivez ou répétez exactement la phrase que vous devriez dire à ce moment précis. Les invocations et les prières sont définies les unes pour les autres pour être le lien entre le monde matériel avec lequel vous travaillez et le monde spirituel dans lequel vous envoyez des vibrations. Ne changez pas un mot, suivez toutes les instructions.

Enfin, n'oubliez pas que vos guides spirituels, archanges, anges ou saints sont les intercesseurs devant Dieu ou l'Univers afin que vos désirs soient exaucés. Dites toujours vos paroles avec foi et confiance que ce que vous voulez arrivera.

Il ne faut pas oublier que les bougies sont allumées avec des allumettes en bois, qui doivent être ointes ou consacrées, et enfin fermer le cercle magique.

Eau bénite, eau bénite et eau de la Lune

Dans certains rituels, nous devrions utiliser de l'eau bénite. C'est une erreur de penser que cela ne peut être acquis qu'auprès d'un parti religieux, vous pouvez faire votre propre eau bénite ou eau sacrée comme j'aime l'appeler.

Il est très facile à préparer et son élément principal, l'eau, se trouve dans nos maisons. L'eau bénite est très dynamique et disperse les énergies négatives.

Matériaux pour fabriquer votre eau bénite :
- Un verre d'eau, couramment utilisé.
- Une cuillère à soupe de sel de mer ou de sel de l'Himalaya

Mettez de l'eau sur votre gauche et du sel sur votre droite devant vous. (Quel que soit le matériau du contenant, vous pouvez utiliser des gobelets en cristal ou en plastique.)

Posez votre main droite sur l'eau et votre main gauche sur le sel, elles seront croisées. Répétez à haute voix ou dans votre esprit : « Avec le pouvoir que j'ai, libère ces éléments de toute négativité, que la lumière de l'univers les purifie, et quand ils se réunissent, ils ne sont en phase qu'avec tout ce qui est bonté et amour. »

Ensuite, mélangez-les dans une casserole, secouez-les et couvrez-les. Si vous êtes un praticien de Reiki, vous pouvez faire le plein d'énergie avec des symboles de niveau II et III, mais vous pouvez dessiner un pentacle avec votre index comme protection.

Eau sacrée

Dans un récipient en verre à large bouche, introduisez un quartz blanc, puis versez de l'eau pour l'utilisation actuelle et laissez-le pendant une période de 24 heures. Le lendemain, retirez le quartz et transférez l'eau dans une bouteille que vous pourrez utiliser pour vos rituels.

Tenez la bouteille à deux mains et demandez à vos guides spirituels de bénir cette eau avec de l'énergie positive et de la lumière.

L'eau de la pleine lune

L'eau de pleine lune est similaire à l'eau bénite pour les sorcières. Vous pouvez l'utiliser dans des rituels, des sorts pour améliorer vos œuvres magiques et bénir. L'eau de la lune est l'eau exposée à la lumière de la pleine lune. De cette façon, il capture les propriétés de l'énergie lunaire et nous permet de l'utiliser plus facilement pour renforcer nos rituels ou purifier notre environnement. Je l'utilise comme eau bénite ; Chaque pleine lune que je prépare dans un grand récipient en verre, je la laisse à découvert toute la nuit exposée à la lumière de la pleine lune, avec un quartz blanc à l'intérieur et je le recueille avant le lever du soleil. Les huiles essentielles peuvent être mélangées avec de l'eau de lune et celles-ci amélioreront leur effet.

La magie du temps

Quel jour et quelle heure de la journée sont régis par la planète qui régit le but du rituel ?

Chaque jour à ses énergies concrètes et sa magie. Le secret est de pouvoir canaliser ces connexions de manière pratique dans vos sorts et œuvres magiques. L'une des sagesses les plus respectées par les praticiens de la magie et de l'ésotérisme est le bénéfice des heures planétaires, comprises comme les espaces temporels qui sont sous l'influence énergétique d'une planète donnée.

Les matchs planétaires magiques sont simples à utiliser. Vous devriez vous entraîner à les incorporer, car cela renforce votre magie et la puissance de vos sorts. Lorsque vous commencerez à étudier ces matchs, vous comprendrez pourquoi vos sorts ou vos bains chanceux n'ont pas fonctionné auparavant.

Chaque jour à 24 heures planétaires, mais contrairement aux heures que nous connaissons traditionnellement, elles ne sont pas limitées à des périodes de 60 minutes, elles peuvent être plus ou moins.

Il y a 12 heures planétaires pendant la journée et 12 la nuit. Les heures planétaires diurnes s'étendent du lever au crépuscule ; tandis que les nocturnes vont du crépuscule à l'aube le lendemain.

Les heures planétaires de la journée servent à activer une certaine intention magique, tandis que les heures nocturnes planétaires parce qu'imprégnées d'un type d'énergie différent servent à renforcer, pendant ce moment, les sens sont aiguisés.

En plus de les utiliser pour notre travail magique, nous pouvons utiliser les heures planétaires pour tirer le meilleur parti de notre journée. Dans le cas d'une journée spéciale, de la signature d'un contrat important, d'un voyage, d'une fête, d'une rencontre amoureuse, de l'achat d'une maison, etc., nous chercherons toujours le bon moment par rapport à la nature de la planète qui nous convient le mieux.

Selon notre calendrier, la journée commence à 00h00 la nuit et se termine à 00h00 le lendemain. Pour la tradition astrologique et ésotérique, la régence des heures du jour et de la nuit est partagée entre les sept planètes, de la plus éloignée à la plus proche. Dans les temps anciens, les astrologues observaient des planètes qui se distinguaient à l'œil nu et enregistraient la vitesse de chacune, de la plus rapide à la plus lente à tourner autour de la Terre : Saturne, Jupiter, **Mars, le Soleil, Vénus, Mercure et la Lune.** Et cet ordre est ce que vous devez apprendre pour déterminer quelle planète règne chaque heure. (La Lune et le Soleil sont des luminaires, mais les astrologues des temps anciens l'ont ignoré.)

Dans la tradition astrologique, chaque heure de la journée est gouvernée par une planète spécifique et le cycle de ces heures est ce qui a donné le nom aux jours de la semaine. Les anciens Chaldéens étaient ceux qui ont institué le calendrier de sept jours, équivalent aux noms des dieux et des planètes, et les ont nommés de manière égale.

Ils ont remarqué que la durée des jours changeait selon les saisons, que deux fois par an, aux équinoxes de printemps et d'automne, les jours étaient d'une longueur égale à celle des nuits. Pour cette raison, ils ont divisé chaque journée de 24 heures en deux parties de 12 heures.

Heures de clarté, allant de l'aube au crépuscule.

Les heures de la nuit, vont du crépuscule à l'aube.

La sélection du temps planétaire consiste à choisir l'énergie planétaire la plus favorable pour le rituel ou le sort que nous allons exécuter.

Sunshine Heure : c'est un moment spectaculaire pour tout le monde et pour presque toutes les activités, favorable aux rencontres avec des personnes influentes (patrons, directeurs de banque, cadres supérieurs, etc.), pour entamer une négociation. Organiser nos objectifs, nos vocations, notre carrière, obtenir les honneurs. Demandez une augmentation, faites des présentations, parlez en public. Pour les sorts liés au travail ou à l'argent. Rituels liés à l'obtention de promotions et de promotions, aux relations avec les supérieurs et à la réussite.

Temps de Vénus : Manifester notre énergie créatrice (peinture, musique, toute œuvre d'art). Pour notre santé, notre vitalité et notre estime de soi. Pour acheter de l'or et des bijoux. Temps favorable pour les problèmes des femmes, pour optimiser notre apparence, aller chez le coiffeur ou recevoir des traitements esthétiques. Convient pour faire du shopping, décorer la maison, sortir avec vos amis ou avoir des rendez-vous romantiques, faire la fête, faire un voyage, demander des faveurs, former une entreprise et faire des investissements. C'est le moment idéal pour demander en mariage et se marier. Aussi pour faire amende honorable après un conflit ou une bagarre verbale. Pour les sorts ou rituels liés à l'amour, aux contrats et aux associations.

Heure de Mercure : En ce moment, les gens sont plus expressifs, même les plus renfermés, car Mercure est la planète de la communication, et à moins qu'elle ne soit rétrograde, il est favorable de passer des appels téléphoniques, d'envoyer de la correspondance importante, d'écrire, des sujets intellectuels en général, d'étudier, de faire de courts voyages, de signer des contrats, de réparer l'ordinateur et de faire des affaires. Sorts de papier, contrats. Rituels liés à la santé, opérations commerciales et bancaires ; l'éducation de base ou secondaire, la signature de contrats et de communications, les courts voyages et la médecine alternative.

Mars Time : La nature impulsive de Mars nous encouragera à être plus audacieux et moins prudents ; par conséquent, ce n'est pas un bon moment pour commencer une dispute, car elle peut se terminer par un combat ; ni pour entreprendre un voyage dans le but d'une transaction, car cette fois, elle est sujette à des accidents, mais pour toute activité dans laquelle il est nécessaire d'être plus énergique, comme l'exercice ou une situation où le courage est nécessaire. Ce n'est pas agréable de commencer un partenariat ou de se marier. Rappelez-vous que Mars a toujours tendance à être en conflit. Vous pouvez effectuer des sorts contre les ennemis, des rituels liés au courage, à l'action et à la conquête. C'est une période recommandée pour les chirurgies, car elle favorise la capacité de guérison.

Temps de la Lune : Le caractère émotionnel, féminin et stimulant de la Lune se manifeste dans les personnes et les fonctions du temps lunaire. Promouvoir les questions domestiques, la conversation avec les mères et les femmes en général, et les questions familiales ; traiter avec le public, cuisiner, manger, laver et même arroser les plantes ; pour décorer notre maison et la rendre plus accueillante. Sorts de famille ou d'amour. Rituels liés au féminin, à la maison et à la fertilité.

Temps de Saturne : Les gens semblent être plus renfermés en ce moment, car les énergies de Saturne sont toujours sombres, sa nature limitante apporte des problèmes et des retards ; il n'est pas recommandé de signer des contrats, d'interagir socialement ou de commencer quelque chose, cependant, il est agréable de commencer à construire une maison, car Saturne régit les structures, les bases et la durabilité, l'achat et la vente de biens immobiliers et de terrains. Également à démolir. C'est le moment idéal pour demander conseil à une personne âgée. Un autre aspect utile peut être l'organisation, la discipline et le travail ennuyeux. Idéal pour les sorts contre les ennemis ou pour retarder quelque chose. Rituels liés à la sagesse et aux études professionnelles.

Temps de Jupiter : Le caractère bénéfique de Jupiter se reflétera dans les personnes et les tâches de cette heure. Il est favorable à l'achat de billets de voyage, pour tout contact à l'étranger. Pour obtenir des privilèges dans les affaires commerciales ou démarrer une entreprise majeure, démarrer une entreprise, ouvrir une entreprise ou s'engager. Demandez des faveurs aux personnes d'autorité, obtenez des honneurs, achetez des biens immobiliers. Favorable pour les sorts d'argent, les traitements médicaux et les problèmes juridiques. Rituels liés à la prospérité et à l'obtention d'emplois. Pour vous protéger, retrouver la santé et commencer des études professionnelles.

Le calcul des heures planétaires est influencé par les heures de lumière et d'ombre que vous avez. Les périodes changeront en fonction de l'endroit où vous vous trouvez géographiquement et de la saison de l'année (printemps, été, automne, hiver).

Pour travailler avec la puissance des heures planétaires et améliorer vos rituels magiques, vous devez connaître les heures de lever et de coucher du soleil dans votre pays, puis diviser le nombre de minutes de lumière naturelle par 12 (le nombre d'heures planétaires diurnes).

Cet exercice mathématique déterminera le nombre de minutes dont disposera chaque heure planétaire diurne. Ensuite, passez en revue les **tableaux de référence et** choisissez le moment le plus favorable à ce que vous voulez réaliser. Si, avec le temps, vous choisissez un jour qui a l'influence de la même planète, vous donnerez plus d'énergie à votre rituel ou à votre sort.

Régentés planétaires des jours.

Dimanche - Dim
Lunedì - Lune

Mardi - Mars
Mercedi - Mercuri
Jeudi - Jupiter
Vendredi - Vénus
Samedi - Saturne

Vous pouvez vérifier l'ordre des heures, par jour de la semaine, dans les tables de référence planétaires jour et nuit, puisque vous connaissez la durée de chaque heure.

Selon les anciennes traditions occultes, sur la base de ces heures et du jour, il sera maîtrisé quelle est la période la plus favorable pour le rituel que vous voulez faire, car un rituel pour de l'argent effectué le jour et l'heure de Jupiter est plus efficace et un sort d'amour fait le jour et l'heure de Vénus sera plus efficace.

Exemple de calcul des heures planétaires :
Imaginons que vous vouliez connaître les heures planétaires du 7 décembre 2020 à Las Vegas. Le lundi.

L'heure du soleil est 5 h 11.
Le coucher du soleil est à 18h38. (18 h 38)
La durée du jour serait : *18h38 - 05h11 = 13h 27m*
Les heures planétaires ne durent pas 60 minutes, mais dépendent de la durée du jour et de la nuit, dans notre exemple :

Une heure planétaire diurne difficile :
13 x 60 + 27 = 807 /12 = 1h 7m
Les heures de nuit sont calculées de la même manière.

La durée de la nuit est calculée :
24h00 - 13h27 = 10h 33m
Une nuit planétaire difficile :
10h x 60 + 33/12 = 52m 45s

La première heure de la journée appartient à la planète qui régit le jour, les heures qui suivront seront selon l'ordre planétaire indiqué ci-dessus.

Dans notre exemple :
La première heure de la journée est gouvernée par la Lune car c'est lundi, elle commence à 05h11 et se termine à 06h18, 01h07 après. La deuxième heure, gouvernée par Saturne, commence à 06h18 et se termine à 07h25. Et ainsi de suite.

NE VOUS COMPLIQUEZ PAS AVEC LES MATHS !

Parce **qu'en planetaryhours.net** vous pouvez le calculer sans trop de tourments. Le plus important est que vous connaissiez les symboles des planètes. Alors qu'ils ne sont que les traditionnels, pas les modernes. C'est-à-dire que nous excluons Uranus, Neptune et Pluton.

Symboles des planètes.

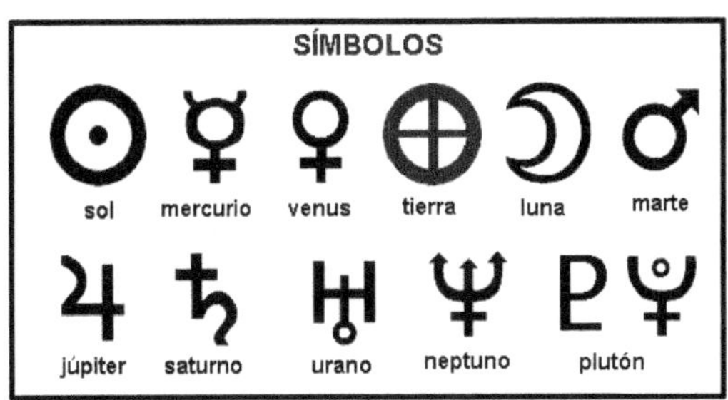

Tableaux de référence

HORAS PLANETARIAS

SALIDA DEL SOL

Hora	Domingo	Lunes	Martes	Miércoles	Jueves	Viernes	Sábado
1	Sol	Luna	Marte	Mercurio	Júpiter	Venus	Saturno
2	Venus	Saturno	Sol	Luna	Marte	Mercurio	Júpiter
3	Mercurio	Júpiter	Venus	Saturno	Sol	Luna	Marte
4	Luna	Marte	Mercurio	Júpiter	Venus	Saturno	Sol
5	Saturno	Sol	Luna	Marte	Mercurio	Júpiter	Venus
6	Júpiter	Venus	Saturno	Sol	Luna	Marte	Mercurio
7	Marte	Mercurio	Júpiter	Venus	Saturno	Sol	Luna
8	Sol	Luna	Marte	Mercurio	Júpiter	Venus	Saturno
9	Venus	Saturno	Sol	Luna	Marte	Mercurio	Júpiter
10	Mercurio	Júpiter	Venus	Saturno	Sol	Luna	Marte
11	Luna	Marte	Mercurio	Júpiter	Venus	Saturno	Sol
12	Saturno	Sol	Luna	Marte	Mercurio	Júpiter	Venus

HORAS PLANETARIAS

PUESTA DEL SOL

Hora	Domingo	Lunes	Martes	Miércoles	Jueves	Viernes	Sábado
1	Júpiter	Venus	Saturno	Sol	Luna	Marte	Mercurio
2	Marte	Mercurio	Júpiter	Venus	Saturno	Sol	Luna
3	Sol	Luna	Marte	Mercurio	Júpiter	Venus	Saturno
4	Venus	Saturno	Sol	Luna	Marte	Mercurio	Júpiter
5	Mercurio	Júpiter	Venus	Saturno	Sol	Luna	Marte
6	Luna	Marte	Mercurio	Júpiter	Venus	Saturno	Sol
7	Saturno	Sol	Luna	Marte	Mercurio	Júpiter	Venus
8	Júpiter	Venus	Saturno	Sol	Luna	Marte	Mercurio
9	Marte	Mercurio	Júpiter	Venus	Saturno	Sol	Luna
10	Sol	Luna	Marte	Mercurio	Júpiter	Venus	Saturno
11	Venus	Saturno	Sol	Luna	Marte	Mercurio	Júpiter
12	Mercurio	Júpiter	Venus	Saturno	Sol	Luna	Marte

Un autre aspect important à considérer est lorsque nous devons faire un sort ou un rituel pendant la période de Mercure rétrograde. Cela se produit trois ou quatre fois par an. Au cours de ce cycle, évitez de prendre des décisions importantes, si vous l'avez fait, cela peut nécessiter un changement à l'avenir, évitez de commencer des problèmes liés aux communications. Évitez de signer des contrats de quelque nature que ce soit ou de signer de nouveaux accords commerciaux. S'ils sont exécutés, il est très probable que toutes les questions négociées ne seront pas satisfaites. Évitez la chirurgie pendant cette période, sauf s'il s'agit d'une urgence.

Si vous devez pratiquer un rituel ou un sort à ce stade, vous devez d'abord effectuer le bain suivant. Il servira également à nettoyer votre aura, ce qui est très important, car il favorisera que tout ce que la bonne vie veut vous donner arrive sans problèmes et en grande quantité.

Avec un simple bain de ces plantes, vous neutraliserez les effets rétrogrades du mercure et purifierez votre aura.

Bain pour la période rétrograde de Mercure.

Vous avez besoin de trois de ces plantes : rue, sauge, romarin, lavande, menthe ou feuille de laurier.

Sélectionnez trois de ces plantes, vous pouvez les obtenir dans des magasins botaniques ou ésotériques. Prenez une grande casserole, versez de l'eau et placez les plantes jusqu'à ce qu'elles bouillent complètement. Lorsque vous avez fait bouillir la préparation, laissez-la refroidir. Vous le forcez. Vous vous baignez de la même façon que vous le faites tous les jours. Après la douche, faites de l'eau à partir des plantes sur votre tête et laissez-la couler sur tout votre corps. Attendez quelques secondes avant de sécher pour qu'il pénètre et procure son effet nettoyant. Séchez-vous, si possible, dans les airs, sans serviette, et vous sentirez le changement de votre aura, à partir de ce moment vous serez prêt à pratiquer votre sort sans risque ni sabotage par Mercure Rétrograde.

Les meilleurs moments pour faire des rituels liés à l'argent sont le dimanche pendant les heures de la planète Jupiter, le jeudi pendant les heures du Soleil ou de la planète Vénus et le vendredi pendant les heures de la planète Jupiter. La Lune doit être dans sa phase croissante et dans l'un de ces signes : Taureau, Lion, Balance, Sagittaire ou Verseau.

Bougies.

Depuis les temps anciens, les bougies ont été utilisées non seulement pour la décoration, mais aussi dans les rituels de magie et de sorcellerie. Cela est dû au pouvoir de transformation qui a toujours été conféré au feu. Les bougies sont des symboles d'énergie, de protection et de puissance. Les formes des bougies et leurs couleurs ont des fonctions différentes. Il est essentiel de se rappeler que vous ne devriez jamais souffler les bougies en les soufflant, car cela révoquerait le sort ou le rituel.

Consécration des bougies.

Dans les rituels magiques, il est important de consacrer des bougies avec des huiles pour attirer plus d'énergie, cette onction est une partie fondamentale du processus. Pendant la consécration, vous devez vous concentrer sur le but du rituel et il est conseillé de le faire le jour approprié d'un point de vue astrologique.

Les procédures sont les suivantes :
Avec les doigts de la main droite, étalez quelques gouttes d'huile sur la bougie, du centre à la mèche, en essayant de la rendre humide. Répétez ensuite la même action, mais du centre à la base de la bougie.

L'autre forme de consécration consiste à diffuser l'huile à travers la bougie de bas en haut. Ce genre d'onction est unique à ces rituels de rupture de quelque chose. Le troisième et dernier modèle de bénédiction est l'onction de la bougie que nous utiliserons dans notre rituel descendant. Ce type de consécration est exclusif aux bougies destinées aux rituels d'attraction.

Formes d'interprétation des bougies.

L'interprétation des bougies vous donnera toujours l'occasion de savoir comment fonctionne votre rituel.

Les résultats peuvent être les suivants :

- Formation d'un amas de larmes sur les côtés, ce résultat est très bon.

- Formation de formes pointues latéralement, il y a des énergies opposées à vos intérêts.

- La formation de figures telles que des grappes de raisin, prédit la santé et la prospérité.

- Les fragments tombent de toute la bougie en forme de lune et les extrémités de la Lune s'inclinent vers la gauche, indiquant que vous pourrez atteindre votre objectif en douceur. Si les extrémités de la figure s'inclinent vers la droite, cela prédit l'existence de quelque chose qui entrave le rituel.

- Si les restes des bougies forment des carrés, les difficultés seront résolues, vous aurez un soutien inconditionnel et votre sort fonctionnera.

Couleurs de la flamme d'une bougie.

La flamme d'une bougie n'est pas toujours la même :

- Flamme bleue, signifie que la personne impliquée dans le rituel reçoit notre message.

- Flamme jaune, manque d'énergie, vous devez changer la bougie.
- Flamme rouge, résultats rapides.

- Flamme blanche, son guide spirituel ou ange gardien l'aident dans ce rituel.

- Allumage de flamme, le rituel est faux ou quelque chose va mal tourner.

Couleurs de bougies pour différents rituels.

La couleur de la bougie que nous utiliserons dans notre rituel est significative. Toutes les couleurs ont des vibrations, elles affectent donc un certain domaine de notre vie. Il est essentiel de savoir ce que vous voulez changer dans votre vie ou quel genre de rituel vous ferez pour choisir une bougie qui lui correspond.

Jaune : par nature, c'est la couleur de l'intelligence. Une bougie jaune sera utilisée pour apporter de la clarté de pensée, stimuler le pouvoir de l'esprit. Il est utilisé pour transmettre la joie à quelqu'un ou à quelque chose, c'est la couleur du soleil, la vitalité et la volonté de vivre. C'est une bougie utilisée dans les situations de dépression ou de tristesse. Il est utilisé pour adoucir le comportement grincheux. Pour les rituels liés au travail, à la santé, à l'étude et à l'amour.

Orange : contient l'énergie de la couleur rouge et jaune. Il est idéal pour attirer l'harmonie, l'argent et la joie. Cela nous aide à prendre des décisions. L'orange a une énergie d'attraction très dynamique, il sera donc très utile d'améliorer tout rituel que nous faisons.

Bleu : il est spectaculaire pour dissiper les tensions, les conflits ou toute situation difficile entre les personnes. Se connecter avec le monde spirituel et pour des rituels d'amour, de santé et de travail.

Blancs : ils sont utiles pour attirer les énergies positives. Ils remplacent d'autres bougies, en particulier la blanche, contenant toutes les couleurs. La plupart des rituels peuvent être effectués exclusivement avec des bougies blanches.

Rouge : Ils sont les plus utilisés dans les sorts d'amour, car ils représentent la couleur du cœur, bien qu'ils servent dans les sorts liés à la santé et à la force physique. Ils servent de canalisateurs pour activer toute énergie stagnante.

Rose : Sa vibration est supérieure au rouge car elle est mélangée au blanc. Ils représentent l'amour et la romance les plus purs. C'est la couleur de la compassion et de l'empathie.

Vert : couleur fertilité. Il attire l'équilibre pour l'esprit, le corps et l'esprit. C'est une couleur associée à la santé, elle peut être utilisée pour résoudre des situations de maladie. Très utile dans les rituels ou cérémonies liés aux finances, à la santé et à la prospérité.

Violet et violet : c'est le résultat du mélange de rouge et de bleu.   Pour les rituels liés aux finances et au succès.

Argent et gris : ce sont des couleurs neutres, elles sont entre le noir et le blanc. Ils sont utilisés pour neutraliser certains maux. Les bougies en argent sont liées à l'énergie de la nuit et de la Lune, pour cette raison, elles sont utilisées dans les rituels ou les cérémonies nocturnes car elles sont liées à cette énergie.

Brun : Cette couleur est liée au sol, surtout quand il n'a pas encore été planté. Nous devons être prudents lors de son utilisation, car il peut attirer l'incertitude, donc quand il est utilisé, vous devez très bien spécifier ce que vous voulez, afin de ne pas obtenir un effet contraire à la demande. Il est utilisé dans les rituels d'entreprise.

Noir : Il est utilisé dans les rites de nécromancie et pour invoquer des entités négatives. Ils aident à dissoudre les barrières et les obstacles. Profitez d'amours occasionnelles. Ils exercent une influence mélancolique et c'est pourquoi vous devez être très prudent avec leur utilisation. Ils aident à libérer les dettes karmiques et à se débarrasser de la sorcellerie et de la magie noire.

Magie lunaire

La magie lunaire fonctionne en harmonie avec les phases de la lune, les signes par lesquels la Lune transite, les saisons de l'année et les heures planétaires. Il est très important dans l'exercice de la magie et l'un des secrets les plus importants pour réussir dans la sorcellerie. La puissance lunaire est l'un des composants énergétiques les plus puissants de la magie, elle est très profonde et utilise les propriétés de la Lune pour obtenir sa puissante énergie.

Pour choisir le bon moment pour un rituel, les phases de la lune doivent être prises en compte.

Nouvelle Lune ou Lune noire.
Dans les temps anciens, pendant les trois jours où la Lune était totalement invisible, des offrandes de fleurs blanches étaient placées sur une croix avec la déesse Hécate afin qu'elle puisse garantir la protection. Dans cet esprit, vous pouvez placer un bouquet de roses blanches sur le chemin de votre domicile pendant cette étape.

Il n'est pas recommandé d'effectuer des rituels 24 heures avant et 24 heures après l'arrivée de la Nouvelle Lune. Les sorts de Nouvelle Lune doivent être effectués dans la phase visible de la Nouvelle Lune. Si vous les faites pendant ces trois jours, vous obtiendrez le contraire de ce que vous voulez vraiment.

Dans la Lune Noire, nous travaillons avec le monde souterrain, nous nous connectons avec nos ancêtres, avec nos esprits familiers, parce que dans cette Lune, les portes du monde souterrain sont ouvertes ; Il est donc courant de faire des sorts de magie noire à ce stade. C'est une excellente Lune pour consacrer des instruments magiques. Pendant la Lune Noire, nous travaillerons sur les malédictions et les questions de justice. Il est utilisé pour la magie défensive et la protection.

Nouvelle Lune visible.

S'il y a des sorts ou des malédictions contre vous, à ce stade de la Nouvelle Lune, vous pouvez consommer des rituels pour couper et mettre fin à tout ce qui est négatif. Cette phase nous aide également à abandonner les mauvaises habitudes et coutumes qui nous nuisent et à commencer quelque chose de nouveau, comme arrêter de fumer ou d'alcool, entre autres. Pour tirer le meilleur parti de cette énergie, la magie doit être effectuée entre le lever et le coucher du soleil. Travailler la nuit est acceptable, mais pour un effet maximal, utilisez le bon moment. Vous pouvez voir les temps planétaires pour améliorer vos rituels.

Lune croissante.

C'est une lune fertile, les affaires énergétiques, la santé, l'argent, le succès, les récoltes. À ce stade, nous travaillons pour augmenter quoi que ce soit ou l'attirer. Dans ce cycle, nous faisons des demandes pour que l'amour arrive, pour augmenter l'argent dans nos comptes ou notre prestige au travail. Si ce que nous voulons, c'est protéger quelqu'un d'un mal, c'est le moment opportun pour demander la justice divine et une plus grande protection pour nos proches. Au niveau de la santé, il est temps d'améliorer les défenses de l'organisme.

Croissant de lune gibbeux.

Le croissant de lune gibbeux est le moment clé pour démarrer des entreprises, demander la santé, faire des rituels pour attirer l'argent et l'abondance, ou tout ce dont vous avez besoin pour réussir. C'est aussi le bon moment pour travailler sur la fertilité.

Pleine lune.

Dans cette phase, la Lune offre toute son énergie et vous pouvez effectuer des œuvres de protection, de divination, de justice, de spiritualité et plus encore. Tout ce potentiel affecte également la magie, ce qui permet au magicien d'être beaucoup plus compétent pour gérer de grandes quantités d'énergie et les canaliser.

La plupart des rituels d'amour sont effectués parce que c'est au moment où la Lune émet sa plus grande énergie. Les rituels de la pleine lune sont remarquablement puissants pour la fortune, l'amour et la prospérité de notre foyer. Tout travail nécessitant une infusion importante d'énergie doit être effectué à ce moment. Vos chances de succès sont très grandes. C'est un bon moment pour faire de l'eau lunaire.

Lune gibbeuse décroissante.

C'est le moment propice pour compléter toute situation que vous ne voulez plus dans votre vie. Il est temps de se reposer, de terminer les projets, de clore les problèmes non résolus. Il est temps de se regrouper. Ce qui est coupé prendra plus de temps à pousser. Tout ce qui est gênant, comme déménager, demander ou recevoir des prêts, etc., Il est préférable de le faire à ce stade, même si le résultat est plus lent que dans la phase de croissance, c'est plus sûr.

Lune en quart.

Dans la salle décroissante, il y a le moment exact d'effectuer des œuvres magiques conçues pour diminuer ou éliminer les choses négatives, en éloignant les ennemis, les maladies, les mauvaises influences ou les esprits perturbateurs. Cette étape est spéciale pour créer des talismans pour l'harmonie conjugale et familiale, pour arrêter les problèmes économiques ou la perte d'emploi. Tout ce que nous souhaitons diminuer, disparaître ou terminer.

Lune décroissante.

C'est ce qui se passe avant la Nouvelle Lune invisible (Black Moon). La Lune décroissante apparaît dans le ciel sous la forme d'un C. Lorsque la Lune se couche, elle est en route vers l'obscurité totale et devient plus petite chaque nuit. Au cours de la quatrième phase décroissante, la négativité autour de nous est libérée. Il convient pour éliminer les énergies négatives, contenir des arguments, calmer l'anxiété et poursuivre le travail de purification. Lune idéale pour nettoyer les gens, les entreprises et les maisons. La lune décroissante est le bon cycle si vous voulez repousser une personne. Cette phase aide à dissoudre les liens et les attractions.

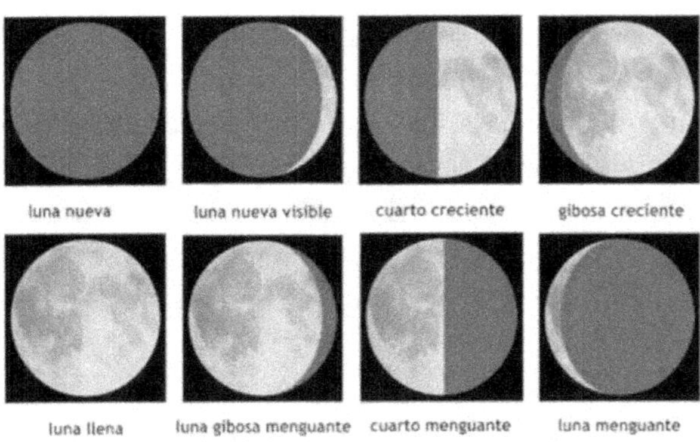

Eclipse et magie

Une éclipse est un événement inhabituel, donc sa transcendance est très importante, il y a beaucoup de rituels, de sorts et de liens qui peuvent être effectués avant et pendant une éclipse afin d'étendre cette énergie forte d'une manière qui nous est bénéfique. Les gens peuvent se sentir agités pendant une éclipse, avec un peu de peur, c'est le pouvoir et l'essence de l'éclipse, une émotion similaire à être à l'intérieur d'un cercle magique ou protecteur. Selon le type d'éclipse, l'influence sur les gens sera exercée. Une éclipse solaire fait référence à tout ce qui est matériel et physique, une éclipse lunaire à tout ce qui concerne les émotions et la spiritualité.

Bien que vous ne puissiez pas regarder l'éclipse de votre pays, vous pouvez y faire de la magie et des rituels.

Lorsqu'une éclipse lunaire se produit, ce qui ne peut se produire que pendant la nuit de la pleine lune, nous ressentons toutes les phases de la Lune en quelques minutes et secondes. La pleine lune se cache partiellement ou complètement, puis redevient immédiatement visible. En quelques minutes, s'il s'agit d'une éclipse lunaire totale, on perçoit une énergie équivalente à un cycle complet.

Éclipse d'eau.

Une fois que vous pouvez avoir cette opportunité incroyable qu'une éclipse nous donne des pouvoirs, de la sagesse et de l'énergie positive, vous devez remplir un récipient transparent avec de l'eau et le fermer hermétiquement. Dès que l'éclipse commence, ouvrez le couvercle pour que l'eau soit imprégnée de cette énergie, pendant que vous réfléchissez à votre intention : plus d'argent, plus de travail, plus de créativité dans la vie ou de chance en amour. Fermez le couvercle lorsque l'éclipse est terminée. Ensuite, avec cette eau, vous prendrez un bain, mais il comprendra Rue et Minta. Vous ne pouvez pas le faire bouillir, écrasez simplement les plantes avec vos mains autant que possible et mélangez-le avec cette eau. Il vous accordera toutes les demandes que vous avez faites pendant le bain.

Les différents types de magie

Il n'y a qu'une seule magie. Il n'y a pas différents types de magie, malgré le fait que les érudits les organisent en catégories. Simplement pour mieux étudier la magie, des croyances et des pratiques similaires ont été regroupées, leur donnant un nom commun associé à une couleur. On peut donc parler de magie blanche, magie noire, magie rouge, magie verte, etc. Mais tout le monde, après tout, est pareil.

Magie blanche.

La magie blanche comprend tous les rituels dans lesquels l'objectif principal est de contrôler la symbologie universelle. Grâce à cette magie, nous pouvons établir une communication avec des entités surnaturelles ou avec des forces qui ont des pouvoirs sur les lois naturelles. Ce type de magie comprend différents types de sorts, et les entités qui sont invoquées pendant le rituel sont nécessaires pour satisfaire les demandes de la personne qui les invoque. La magie blanche est utilisée à différentes fins. C'est l'un des sorts les plus efficaces qui soient. Parfois, leurs rituels peuvent ne pas être valides contre la magie noire.

Magie noire.

C'est la magie qui fait des pactes avec des entités obscures. Ces types de rituels sont obscurs et n'apportent rien de bon à ceux qui les accomplissent. Un bon sorcier ne devrait jamais effectuer ce type de rituel à moins qu'il n'y ait d'autres alternatives.

Magie bleue.

La magie bleue n'est pas très populaire, mais elle est très puissante et parfois dangereuse. À travers elle, le magicien tente de manipuler les lois de la nature à volonté. La magie bleue est essentiellement basée sur le contact avec des entités de l'au-delà, impliquant les morts et les esprits. En contactant ces entités, il est plus facile d'atteindre les objectifs visés. La personne qui pratique la magie bleue peut lire avec précision dans nos pensées ou contrôler quelqu'un d'autre.

Bien que la couleur bleue soit associée à des états de conscience supérieurs en raison de sa grande énergie et de sa profondeur, il existe des cas dans lesquels elle doit être vue sous un autre angle. La magie bleue est également associée à des influences curatives liées à la maladie, aux afflictions physiques et spirituelles.

Magie rouge.

La magie rouge est un type de magie dans lequel l'ingrédient principal est le sang du pratiquant. Les tissus des êtres vivants, la salive, les ongles, les cheveux ou le sperme peuvent également être utilisés dans ces sorts. Il est largement utilisé dans les rituels d'amour, mais il est généralement utilisé pour la destruction et la manipulation de la vie de ceux qui n'acceptent pas cette manipulation. Le sang est très puissant. Sa configuration subtile lui permet d'être facilement un lien entre le monde corporel et le monde astral. Vous devez être très prudent lorsque vous pratiquez la magie rouge, car vos forces sont très efficaces. Les dommages, une fois causés, peuvent être irréversibles.

Magie verte.

La magie verte est un type de magie qui utilise des éléments de la nature, tels que des plantes, des fruits, des fleurs, des herbes et des racines. Dans de nombreuses civilisations, la pratique de la magie verte a été utilisée par les sorciers pour soulager diverses maladies, n'oublions pas que la nature est la meilleure pharmacie. La magie verte est fortement liée à la magie blanche et à la magie noire, bien qu'elle soit plus proche de la magie blanche, car la nature est avant tout protectrice de la vie et des relations équilibrées.

Il y a beaucoup de magiciens noirs qui savent comment utiliser les plantes à des fins maléfiques.

Sort pour les problèmes de peau

Ce rituel servira à améliorer tout problème de peau, ou à aider le traitement médical que vous subissez, à donner des résultats positifs. (Rappelez-vous qu'un sort ou un rituel ne devrait jamais remplacer les experts médicaux)

Pour aider la personne avec ce type de problèmes, vous avez besoin d'un vêtement qui a été en contact avec la zone touchée et qui n'a pas été lavé.

Éléments nécessaires.

- 7 encens de bois de santal.
- 1 craie blanche.
- 1 bougie blanche.
- Deux bougies vertes
- 1 Image de saint Raphaël Archange.
- 1 verre avec de l'eau sacrée.
- 1 vase en céramique.
- Graines de tournesol grillées.
- Essence de lavande.
- 7 Sept encens de jasmin.
- 1 boîte en bois ou en carton, avec couvercle.
- 1 vêtement de la personne

Allumez l'encens en bois de santal avant de commencer le rituel et traversez l'endroit où le rituel aura lieu, en commençant par la porte d'entrée, vers l'intérieur et se terminant à nouveau à la porte d'entrée. Une fois que l'odeur a imprégné tout l'endroit, étalez-les dans la pièce et laissez-les allumées jusqu'à ce qu'elles sortent d'elles-mêmes. Choisissez un endroit auquel les autres personnes de votre maison n'ont pas accès. Un cercle à la craie blanche est dessiné, aussi large que possible sur le sol ou sur une table en bois. Placez la carte San Rafael au centre du cercle, avec l'eau sacrée et la bougie blanche allumée. Placez le vêtement à l'intérieur du pot en céramique et sur le dessus les graines de tournesol. Saupoudrer d'huile de lavande et d'eau bénite et placez-le au centre du cercle. Ensuite, vous allumerez autour du vase l'encens de sept jasmins, dans le sens inverse des aiguilles d'une montre. Mettez une bougie verte à droite et une autre à gauche du vase, ces bougies seront laissées jusqu'à ce qu'elles soient consommées. Lorsque cela se produit, vous devez couper le vêtement en sept morceaux et, avec les résidus de bougies et de graines de tournesol, le placer à l'intérieur de la boîte en bois ou du carton avec un couvercle. Une fois que tout est à l'intérieur de la boîte, tous les déchets seront pulvérisés avec le reste de l'eau sacrée et laissés couverts à l'endroit où le rituel a été effectué, jusqu'à la nuit suivante. Le lendemain, vous emmènerez la boîte dans un endroit de la cour où il y a de la verdure (si vous n'avez pas de patio, il peut s'agir d'un vase avec des fleurs) et l'enterrerez.

Sort aztèque pour la santé

Éléments nécessaires.

- 1 bougie blanche.
- 1 lettre de l'Ange de votre dévotion.
- 3 encens de bois de santal.
- Carbones végétaux.
- Herbes séchées d'eucalyptus et de basilic.
- Une poignée de riz, une poignée de blé.
- 1 assiette ou plateau blanc.
- Huit pétales de rose.
- 1 flacon de parfum, personnel.
- 1 boîte en bois.

Vous devez nettoyer l'environnement en allumant des braises de légumes dans un récipient en métal. Lorsque les charbons sont bien allumés, vous porterez progressivement les herbes séchées et marcherez dans la pièce avec le récipient, afin d'éliminer les énergies négatives. Après l'encens, vous devez ouvrir les fenêtres pour que la fumée se dissolve. Préparez un autel au-dessus d'une table recouverte d'une nappe blanche. Placez le papier choisi dessus et placez les trois bâtonnets d'encens en forme de triangle autour de lui. Vous devez consacrer la bougie blanche, puis l'allumer et la placer devant l'ange avec le parfum découvert. Vous devez être détendu, c'est pourquoi vous devez vous concentrer sur la respiration. Visualisez votre ange et remerciez-le pour toute la bonne santé que vous avez et celle que vous aurez toujours, cette gratitude doit venir du fond de votre cœur.

Une fois que vous aurez rendu grâce, vous lui donnerez en offrande la poignée de riz et la poignée de blé, que vous devriez mettre dans le plateau ou l'assiette blanche.

Étalez tous les pétales de rose sur l'autel, en remerciant à nouveau pour les faveurs reçues. Après avoir remercié, vous laisserez la bougie allumée jusqu'à ce qu'elle soit complètement consommée. La dernière chose à faire est de ramasser tous les restes de bougies, de brûleurs d'encens, de riz et de blé, et de les mettre dans un sac en plastique et de le jeter dans un endroit où il y a des arbres sans le sac.

La carte d'ange, avec les pétales de rose, les place à l'intérieur de la boîte et la place dans un endroit sûr dans votre maison. Le parfum énergisé, que vous utilisez, sera utilisé lorsque vous sentirez que les énergies diminuent, lorsque vous visualisez votre ange et demandez sa protection. Ce rituel est plus efficace si vous l'effectuez le jeudi ou le lundi au moment de Jupiter ou de la Lune.

Sort pour protéger la grossesse et le bébé

Éléments nécessaires.

- 1 pot d'eau sacrée ou d'eau d'éclipse
- 1 épi de maïs, pelé
- 1 morceau de papier jaune
- 1 plaque blanche
- Miel
- Deux grandes bougies jaunes
- 1 morceau de cartouche de papier ou de papier brun
- 1 crayon jaune
- 1 nappe blanche
- 1 Photo de la femme faisant le rituel
- Pentacles #2 de la Lune

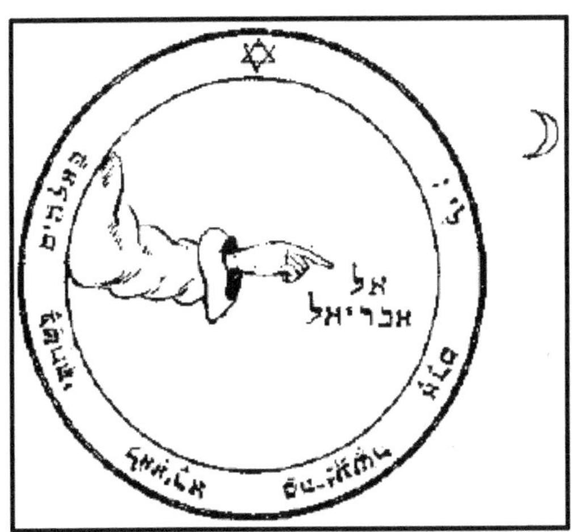

Ce rituel sera plus efficace si vous l'effectuez un lundi, une heure de lune ou un jour de pleine lune. Mettez le maïs à ébullition dans la poêle jusqu'à ce qu'il soit tendre, retirez-le et laissez refroidir. Tapisser l'assiette de papier jaune.

Couvrez la table ou partout où vous allez pour effectuer le rituel avec la nappe blanche. Placez la photo au centre de la table au-dessus des Pentacles lunaires #2 et placez les deux bougies jaunes sur les côtés.

Sur l'assiette doublée, mettez du maïs, en dessous mettez un morceau de papier avec le nom de la femme enceinte et sa date de naissance, vous devriez le plier en triangle. Sur le maïs, vous devriez verser du miel.

Ensuite, après avoir consommé les bougies, collectez-en tous les restes et jetez-les dans une rivière ou un ruisseau d'eau.

Les restes de maïs ainsi que le papier doivent être enterrés dans un endroit où il y a beaucoup de verdure.

Coupes du Tibet

Dans les monastères du Tibet, l'utilisation du bol était une pratique courante pour la réalisation d'états méditatifs, l'équilibre des hémisphères cérébraux et la polarité elle-même.

Les moines tibétains maintenaient ainsi un équilibre total entre le corps physique et les corps subtils. Le son du bol les a aidés à maintenir leur santé physique.

Pour cette raison, ils ont pratiqué le son guttural qui atteint le niveau cellulaire, en veillant à ce que toutes les cellules reçoivent le son unique et personnel fait avec l'instrument interne que sont les cordes vocales et que chaque cellule reconnaît comme une vibration de bien-être, les amenant à ressentir dans leur quotidien un équilibre et une harmonie parfaits.

Les bols tibétains sont utilisés dans la pratique bouddhiste pour aider à la méditation et à la prière.

Le sens de rotation, s'il est temps, est fait pour que l'énergie se dilate, par exemple, si vous remarquez qu'un chakra déborde d'énergie, nous allons placer le bol à la hauteur de ce chakra et le faire pivoter dans le sens des aiguilles d'une montre pour que cette énergie débordante se stabilise.

L'ensemble du processus est effectué avec une vitesse incroyable et tout notre corps vibre en quelques instants avec le bol.

Les bols sont des instruments créés de manière unique, ce sont des vibrations complexes qui agissent par résonance, activant et équilibrant nos vibrations désorganisées.

Bols en quartz

Les bols en quartz sont une conséquence de l'étude des anciens bols métalliques et de leurs fonctions thérapeutiques reconnues.

Le bol de quartz, lorsqu'il est joué avec un léger coup et en frottant le bord, produit une sorte d'onde acoustique qui pénètre dans notre corps et nous fait vibrer. La vibration est sérieuse, uniforme et très relaxante, ce qui nous amène à un état méditatif agréable. Il est également très curieux d'observer la réflexion qui se produit si nous remplissons le bol d'eau et produisons une vibration.

Des figures géométriques parfaites apparaîtront à la surface et, à mesure que la fréquence augmentera, l'eau commencera à rebondir, produisant l'effet d'ébullition, avec des gouttes rebondissant de manière incontrôlable.

Il existe des bols de différentes tailles et épaisseurs. Plus votre structure est fine, plus elle sera intense et rapide à chanter, et votre son dépendra de la résonance personnelle.

Bols en métal

Il existe plusieurs types de bols en métal. Tibétains, Japonais, Indiens, Népalais, etc. Concentrons-nous sur notre expérience avec les bols tibétains. Ceux-ci sont formés par l'alliage de sept métaux : or, argent, mercure, fer, étain, plomb et cuivre.

- ▶ L'or représente le Soleil.
- ▶ La Plate, la Lune.
- ▶ Mercure, pour la planète Mercure.
- ▶ El Hierro, pour Mars.
- ▶ Étain, pour Jupiter.
- ▶ Diriger, vers Saturne.
- ▶ Cuivre, pour Vénus.

Selon l'épaisseur des parois et le diamètre du bol, le son aura l'un ou l'autre accord.

Selon la médecine orientale, tout changement dans la santé physique, mentale ou émotionnelle a à voir avec un déséquilibre, avec un déséquilibre vibratoire. Lorsque certaines cellules commencent à vibrer à une fréquence différente de celle du reste du corps, ces cellules tombent malades. Les bols tibétains ont été utilisés, et sont encore utilisés aujourd'hui, pour modifier la structure cellulaire, altérant sa vibration, ayant ainsi un effet curatif. Bien sûr, ils affectent également les cellules et les neurones du système nerveux.

Compte tenu du fait que les vibrations sonores affectent tout notre organisme au niveau mental, physique et spirituel dans son ensemble, nous pouvons utiliser les bols tibétains à différentes fins, obtenant, entre autres, les avantages suivants :

- Ils éliminent le stress, l'anxiété et la nervosité.
- Ils améliorent la concentration et la clarté mentale, aident à la performance intellectuelle, améliorent la mémoire.
- Ils augmentent la créativité.
- Les sons des bols chantants tibétains stimulent la relaxation profonde et la méditation.
- Ils équilibrent les chakras et effacent l'aura.
- Ils favorisent la stabilité émotionnelle en améliorant les états dépressifs.
- Ils vous aident à mieux vous reposer.
- Ils soulagent les maux de tête et les migraines.
- Ils éliminent les soucis.

La signification des arômes d'encens ou d'encens

L'encens ou l'encens est utilisé depuis des siècles pour attirer les bonnes énergies, éloigner les entités négatives et protéger nos espaces des mauvaises vibrations.

Encens d'avalanche S

Pomme : favorise le bien-être et soulage les douleurs physiques. Il fournit la force nécessaire pour passer d'un état ou d'une situation à un autre beaucoup mieux.

Violet : contre le désespoir, détend le corps et l'esprit, donne la paix intérieure.

Citron : contre les vibrations négatives, agit comme un purificateur du corps et de l'environnement, préserve la santé physique et mentale.

Autres utilisations de l'encens

Madère de Oriente : spécial pour entreprendre de nouvelles choses. De plus, cet arôme crée un état de mysticisme absolu, tout comme le bois de santal est très apprécié pour la méditation.

Vanille : induit la gentillesse et l'humilité, favorise la spiritualité.

Le Saint Pieu

Son arôme doux et fort est facilement reconnaissable et, son utilisation, de plus en plus répandue. Palo Santo signifie « Bosquet sacré » et a été utilisé pendant de nombreuses années à des fins spirituelles et de guérison. Ceux qui l'utilisent prétendent qu'il a des pouvoirs curatifs et tranquillisants, des propriétés qui ont fasciné différentes cultures.

Le Palo Santo, utilisé par les chamans dans leurs rituels religieux et spirituels, le considérait comme un outil parfait pour attirer la chance, conjurer la négativité et parvenir à une meilleure communication spirituelle avec leurs dieux. Palo Santo est utilisé dans de nombreux pays pour expulser les énergies négatives et attirer les énergies positives.

Avantages de Palo Santo

Il nettoie et purifie les environnements, ainsi que les aromatiser.

Soulage la tension nerveuse et aide à contrôler les maladies ou les maladies causées par le stress, augmentant l'harmonie et le bien-être

Il encourage la méditation car il détend l'esprit et induit un sentiment d'abandon et d'abandon. Il est largement utilisé dans les pratiques de yoga, de Reiki et d'aromathérapie.

Contrairement à d'autres plantes dont l'encens est également extrait, Palo Santo n'a besoin que d'un petit morceau de bois sec pour s'enflammer afin de libérer un nuage de fumée qui contient un arôme stimulant, augmente sa vibration dans la méditation et permet une connexion plus profonde avec la source de toute la création.

Ce qui rend Palo Santo si mystique, c'est que ses propriétés ne se développent qu'après sa mort. Il faut de nombreuses années, après le séchage de l'arbre, pour que le bois ait tous les composants qui génèrent l'odeur magique et peut être coupé et utilisé.

Le Sage (Salvia)

La sauge est une plante connue pour ses propriétés curatives et médicinales. Les gens brûlent de la sauge depuis l'Antiquité pour nettoyer et purifier les objets et les maisons. Il est très utile de brûler de la sauge pour purifier et nettoyer votre maison ou une nouvelle résidence avant d'emménager.

La fumée de sauge blanche est utilisée pour disperser non seulement les vibrations inappropriées et les mauvais esprits, mais aussi pour absorber les conflits, la colère ou la maladie chez une personne. En fait, c'est l'une des plantes qui modifie le plus la composition de l'air pour générer des ions négatifs, dont l'effet est de réduire notre réponse au stress.

Comment faire un nettoyage

Assurez-vous que l'espace que vous nettoyez est bien ventilé. Ouvrez deux fenêtres ou portes.

Nettoyez et rangez la zone que vous souhaitez nettoyer. Avoir du désordre bloque le flux d'énergie positive et vous stresse inconsciemment. Définissez votre intention. C'est la partie la plus importante. Allumez une extrémité du sage. Laissez la fumée remplir l'espace. Si une vraie flamme apparaît, secouez-la ou explosez-la jusqu'à ce qu'il ne reste que la fumée. Vous remarquerez que vous devrez le réactiver plusieurs fois au cours du processus. Si vous brûlez de la sauge avec des feuilles en vrac, la meilleure méthode est toute surface de combustion résistante à la chaleur.

Nettoyez d'abord votre corps, utilisez votre main pour diriger la fumée sur votre corps des pieds à la tête, puis redescendez d'avant en arrière pour vous aider à définir vos intentions avant de libérer votre espace (dégagez votre énergie avant de libérer celle de quelqu'un d'autre). Ce faisant, visualisez la fumée en éliminant toute énergie négative de votre vie, toute obscurité ou maladie.

Nettoyez votre espace. Une fois que vous avez nettoyé votre corps, commencez à vous déplacer dans votre espace. Déplacez la fumée à chaque coin de rue, marchez autour du bord de chaque pièce, à travers les portes et dans les coins.

Déplacez-vous en rond dans toute la maison. Toujours en commençant par l'arrière de la maison. Vous pouvez choisir de vous déplacer en cercle dans le sens horaire ou antihoraire. Que vous choisissiez en faveur, que vous vous concentriez sur l'apport de lumière, de paix, de clarté, de sérénité, de prospérité ou de toute autre énergie positive que vous désirez dans votre maison, l'accent de ce mouvement est d'inviter et d'invoquer. Si vous vous déplacez contre vos mains, vous vous concentrerez sur l'élimination du mal, de la saleté, des vieux souvenirs et de l'énergie bloquée, l'accent est mis sur l'effacement et l'élimination.

L'astral inférieur

Les pratiquants de magie noire utilisent ce qu'on appelle des « esprits bas » pour dominer et causer des dégâts. La basse astrale est une zone intangible, d'un autre plan d'existence (une autre dimension), où se déplacent les êtres noirs, entités aussi appelées « astraux bas » et qui, lorsqu'elles sont invoquées, apportent toujours douleur, inconfort et sensations et sentiments indésirables. Mais il arrive aussi que, souvent, c'est nous qui appelons ou attirons, même sans nous en rendre compte, les êtres sombres de l'astral inférieur. Nous leur permettons de s'approcher de notre plan matériel, d'entrer en contact avec notre monde, à travers nos pensées de haine, d'envie, de vengeance ou d'inconfort, et que nous nous adressons à ceux que nous croyons nous avoir blessés, ou sentir que cela nous dérange. Les êtres noirs collent aux murs des maisons et à nous-mêmes, il est donc difficile de s'en débarrasser. Lorsque nous parlons de « basses astrales » ou d'« êtres noirs », nous nous référons à des entités spirituelles de vibrations énergétiques très basses qui, pour diverses raisons et bien qu'elles soient déjà désincarnées, « coexistent » à côté de nous sans que nous nous en rendions compte, précisément parce qu'il y a peu d'êtres humains qui ont la capacité de les voir et de les percevoir.

Nous devons donc nous protéger de ces agressions qui, bien qu'invisibles et imperceptibles, peuvent dans de nombreux cas changer dangereusement la vie de nombreuses personnes.

(Je recommande de prendre des tourmalines noires qui absorbent l'énergie dense, du quartz blanc qui augmente l'énergie positive et des améthystes qui aident à transmuter.) Vous pouvez les acheter en www.esoterismomagia.com, ici vous pouvez également commander vos amulettes en fonction de votre date de naissance.

Larves astrales et parasites énergétiques

Tout ce qui existe dans ce monde se nourrit de quelque chose. Nous nous nourrissons de choses plus solides, de nourriture qui vient de la terre, d'animaux, et les entités les plus subtiles se nourrissent de nous et de nos pensées. C'est ainsi que tout le monde survit. Chacun de nous possède une certaine quantité d'énergie vitale. C'est ce qui nous fait vivre en équilibre, être en bonne santé physique et émotionnelle. Cependant, nous réalisons souvent que notre équilibre est compromis et que nous ne sommes pas en mesure de profiter de la vie comme nous devrions le faire.

Il peut y avoir de nombreuses causes à notre déséquilibre. Cependant, l'une des causes les plus récurrentes est l'action des larves dites astrales.

Dans les endroits où il y a une accumulation stagnante d'énergie négative, comme les hôpitaux, les cimetières, etc., il y a un risque d'acquérir l'une de ces larves astrales. Ils sont également transmis pendant l'acte sexuel, car il n'y a pas seulement un échange de fluides, mais aussi un échange émotionnel et énergétique. Ces parasites se nourrissent principalement de l'énergie vitale des personnes qui traversent une période de faiblesse physique ou psychologique, ainsi que de celles qui effectuent normalement des processus magiques nécessitant une grande quantité d'énergie.

Les méthodes utilisées par les larves astrales pour se nourrir varient en fonction de certaines caractéristiques. Pour commencer, la taille de la larve. Il est plus fréquent de trouver des larves jeunes ou petites, il peut aussi arriver de nous trouver devant de vrais monstres de taille considérable. Les petites larves astrales ont tendance à sauter d'un corps hôte à l'autre très souvent, généralement lorsqu'elles ont été capables d'absorber une grande partie de l'énergie vitale de leur victime.

Plus les larves sont grosses, comme prévu, plus le danger qu'elles représentent est grand. Ils ont la capacité de se nourrir de leur victime de manière beaucoup plus agressive, jusqu'à ce qu'ils la laissent complètement vide. Les larves astrales plus grandes ne changeront de proie qu'en cas de décès de la personne ou d'une victime qui leur offre une plus grande source de nourriture.

Les personnes qui sont victimes de ces parasites rapportent une sensation de fatigue constante qui ne semble pas s'être améliorée, même en prenant soin des heures de sommeil, en mangeant ou en pratiquant une activité physique régulière. De plus, ils sont confrontés à la présence continue de pensées négatives. Beaucoup disent même qu'ils soupçonnent qu'ils ne leur appartiennent pas, parce qu'ils ne sont pas des pensées communes en eux. Il est normal chez les victimes de larves astrales le développement fréquent de réactions émotionnelles telles que l'agression, la peur, la dépression, la colère, la honte et l'inconfort.

La fatigue générale provoque également une diminution du système immunitaire, ce qui prédispose l'hôte au développement d'autres symptômes qui, dans d'autres circonstances, ne pourraient pas se produire dans le corps.

L'émission d'énergie que cet état provoque fait de la personne la source spécifique que la larve recherche pour son développement.

De quoi s'agit-il ?

Les parasites énergétiques, également appelés entités, sont des fragments éthériques ou astraux, des êtres élémentaires, des énergies, etc., qui nous ont adhéré par différents canaux, étant les principaux pendant la grossesse, pendant notre enfance et surtout lorsque nous trouvons de faibles énergies ou un faible niveau de vibrations.

Fondamentalement, ces parasites énergétiques se nourrissent de notre énergie vitale, se nourrissant de nos peurs et de nos frustrations, nous consumant petit à petit. Certaines des maladies qui apparaissent dans notre corps physique, y compris le cancer, ont été générées par ces parasites énergétiques.

Où logent-ils ?

Ces parasites peuvent s'installer dans les corps physiques, éthériques et astraux. Dans le corps physique, ils sont généralement logés dans la tête, dans les zones : dorsale, lombaire et sacrée du dos, dans la zone iliaque, vagin ou utérus, côlon, etc., généralement dans n'importe quelle cavité interne. Normalement, les parasites énergétiques qui s'installent dans notre corps physique sont attirés par les éléments chargés positivement de notre corps, restant principalement dans notre système osseux.

Comment sont-ils détectés ?

Tout d'abord, ces parasites énergétiques produisent des envies qui nous obligent à consommer excessivement. Parmi les désirs, nous trouvons les suivants : bonbons et chocolats, aliments lourds tels que les viandes et les aliments épicés, café, tabac, malbouffe, alcool et surtout sucre.

Sa présence se manifeste également par des douleurs dans le dos, entre les omoplates ou la région lombaire, ainsi qu'une fatigue excessive, des troubles du sommeil, une vision floue, une sensation d'avoir un poids supplémentaire sur le dos, comme si un sac à dos était porté.

Comme cela n'a pas de manifestations visibles, la présence de larves astrales est rarement détectée par des personnes qui n'ont pas été formées pour cela. Cependant, ils se manifestent toujours en interne. Les problèmes de sommeil et les cauchemars sont courants. Certaines personnes ont signalé une sensation d'oppression dans la poitrine, comme une force qui les presse.

L'humeur personnelle est aggravée, au point que des attaques de panique inexpliquées et des maladies d'origine mystérieuse peuvent survenir.

Selon les experts, quarante à soixante pour cent des problèmes qui compromettent la psyché de la personne sont liés à la participation, bien que temporaire, d'une petite larve. Et cinq à dix pour cent, les larves astrales sont responsables de tout le problème.

Pour nous protéger des larves astrales, vous pouvez trouver des solutions simples, bien que, comme toujours, il soit préférable de les éviter avant de les installer. Pour cela, il y a ceux qui recommandent de limiter le corps énergétique autant que possible. De cette façon, la personne peut passer inaperçue et ne pas attirer l'attention en tant que victime potentielle.

Il est bon d'utiliser du camphre ou du citron pour les éloigner.

Cependant, si vous connaissez déjà une victime de larves astrales et que vous voulez l'aider, il est important de distinguer la taille de la larve en question.

Les créatures astrales profitent souvent des attaques pendant que les gens dorment, bien qu'il y ait des forces qui attaquent pendant qu'elles sont éveillées et ce sont des choses très effrayantes parce que c'est beaucoup plus fort. En plus des agressions physiques, il y a les attaques mentales, qui sont beaucoup plus subtiles et dont on peut dire qu'elles sont victimes de tout le monde.

Ces créatures négatives qui vivent dans le monde astral (monde des émotions), se nourrissent de nos émotions négatives, telles que la colère, la peur, la tristesse, la dépression, et être consumé par ces émotions, c'est se laisser consumer par ces créatures, c'est pourquoi nous ressentons cette forte émotion incontrôlable.

Bien sûr, de la même manière que nous faisons des élevages d'animaux et consommons ensuite leur nourriture, ces créatures nous préparent sur le plan émotionnel à être leur nourriture, et cela provoque des sentiments négatifs pour que nous nous laissions emporter par eux.

Les êtres humains sont les seuls capables de produire certains types de pensées et d'émotions. De cette façon, quelqu'un consumé par la peur nourrit ces créatures, et ces créatures font en quelque sorte ressentir aux gens certains types de peur.

Il y a des niveaux et des niveaux dans cette partie, et la personne avec peu de volonté s'enfonce lentement dans ces sentiments négatifs. Quelqu'un commence comme une personne qui lui donne de la colère, puis devient plus sauvage, plus instinctif, jusqu'à ce qu'il passe à un autre niveau et devienne un meurtrier.

Comment protéger la maison contre les larves ou les parasites astraux

- Laissez entrer la lumière, en particulier la lumière naturelle tous les matins, ouvrez les fenêtres et laissez entrer le renouvellement de l'énergie.
- Gardez votre maison propre et aérée.
- N'accumulez pas de choses que vous n'utilisez pas.
- Ne gardez pas les choses cassées à la maison.
- N'ayez pas de vieux objets à la maison à moins que vous ne sachiez d'où ils viennent.
- Évitez les miroirs excessifs dans les chambres.
- Ne jouez pas avec une planche Ouija.
- Ne jouez pas dans des maisons ou des cimetières abandonnés.
- Ne pratiquez pas la magie noire.
- Allumez souvent de l'encens, des essences et des bougies dans votre maison.
- Prenez des bains d'eau avec du sel de mer et du vinaigre ou d'autres types de bains pour nettoyer l'aura. (Si vous voulez que les sprays effacent l'aura, visitez la page www.esoterismomagia.com)

- Utilisez du quartz ou des cristaux dans les accessoires.

- Avoir des verres d'eau salée de mer dans les coins de la maison sous le lit et les renouveler quand ils sont sales et ont accumulé une mauvaise énergie.

-Nettoyez la maison de l'intérieur avec du sel de mer.

- Il est important d'avoir des objets dans la maison tels que : des anges, des éléphants avec des trompes au sommet, Bouddha, des hiboux, des grenouilles.
- Utilisez des bols tibétains ou des cloches en métal, car le son de ceux-ci est de purifier l'aura et l'énergie.

Vous devez vous rappeler qu'aucun nettoyage n'aidera pendant longtemps, si une atmosphère de disputes, de mensonges, d'offenses, de saleté, de désordre, de dépendances, etc. continue de régner dans la maison. Par conséquent, essayez de garder votre fréquence de vibration élevée, de cette façon, vous ne donnerez pas l'occasion à ce type d'énergie de se manifester et d'adhérer à votre vie et à votre maison.

Nettoyants énergétiques pour maintenir la santé

Pour garder notre maison aussi positive que possible, nous avons des alliés que nous pouvons constamment mettre en œuvre, ce sont des éléments qui, depuis les temps anciens, sont considérés comme des protecteurs, des donneurs de prospérité, des larmes d'énergie et des protecteurs de la santé. Pour un nettoyage bioénergétique en profondeur, visitez notre page www.esoterismomagia.com.

Eau et sel de mer

Vous devez remplir un verre en deux avec du sel de mer, ajouter de l'eau jusqu'à ce que l'autre partie du verre soit terminée. Ensuite, vous devriez mettre ce verre quelque part dans la maison. Cela absorbera les mauvaises énergies. Vous pouvez tout voir, des bulles dans l'eau au sel qui sort sur le bord du verre. (Vous devriez le changer une fois par mois.)

Vinaigre et sel de mer pour un nettoyage en profondeur

Remplissez un verre à un peu plus de la moitié avec du sel et garnissez de vinaigre. Mettez ce verre sur une assiette et placez-le derrière la porte d'entrée. Laisser jusqu'à ce que le sel déborde. Il est pratique qu'il ne soit pas vu par d'autres personnes. Lorsqu'il a débordé, retirez-le à l'aide de gants et rincez-le dans les toilettes.

Nettoyage au citron

Prenez un citron et faites cinq coupes sous forme de bouquets, mais sans couper tout le citron. Ensuite, mettez-le dans un verre à moitié rempli d'eau. Placez la tasse sous le lit à hauteur de la tête. Vous devriez le laisser pendant 4 ou 6 jours. Après ce temps, vous pouvez le jeter à la poubelle normale.

Sort des trois bougies

Ce rituel s'adresse aux personnes qui se remettent d'une maladie ou qui ont une douleur physique difficile à éliminer. (Vous devriez continuer votre médication, ceci est complémentaire pour une récupération plus rapide.)

Éléments requis :
- 1 bougie dorée
- 1 bougie blanche
- 1 bougie verte
- 1 récipient pour placer des bougies
- 1 photo ou objet personnel
- 1 verre d'eau sacrée

J'ai mis les 3 bougies en forme de triangle dans le récipient, au centre j'ai placé la photo ou l'objet personnel ; Ensuite, j'ai placé le verre avec de l'eau sacrée sur la photo ou à côté de l'objet personnel à l'intérieur du triangle de bougies. Allumez ensuite les bougies dans le sens des aiguilles d'une montre. Répétez tout en allumant des bougies : Mwen limen bouji sa yo pou reyalize rekiperasyon mwen an, envoke 3 dife entèn mwen yo ak salamand yo pwoteksyon ak undines, transmute doulè sa ad ak malèz nan enèji geri nan sante ak byennèt. Répétez cette phrase 12 fois.

Lorsque vous avez terminé la prière, prenez le verre à deux mains et jetez l'eau dans un drain de la maison, pour terminer le rituel, éteignez les bougies avec vos doigts, vous pouvez les utiliser à nouveau dans le même but. Il est plus efficace le dimanche au moment du Soleil ou de Jupiter.

Sortilège contre les vices

Vous devriez prendre une bouteille avec un bouchon, la remplir en deux avec du vinaigre de cidre de pomme et l'autre avec la boisson alcoolisée ou les drogues que la personne consomme. En le remplissant, il répète fermement : « J'invoque l'Univers Père et la Terre Mère, les quatre éléments que votre être fait que cette dépendance devient aigre et amère dans la bouche (répétez le nom de la personne) et la quitte complètement. » Fermez la bouteille et scellez-la avec du ruban adhésif, reprenez-la dans vos mains et secouez-la sept fois en répétant : « tant que cette bouteille reste scellée, (le nom de la personne) ne tombera plus dans aucune dépendance ». Nettoyez la bouteille à l'extérieur avec de l'eau sacrée et jetez-la dans une rivière.

Plantes magiques utilisées dans la magie verte. Propriété. Utilise

Acacia blanc ou acacia noir : Pour les Egyptiens, l'acacia était considéré comme un arbre sacré, car pour eux, il symbolisait l'immortalité de l'âme. Même les textes des pyramides parlent de l'enfant Horus qui en dérive. Pendant ce temps, la légende raconte que le bois sur lequel Jésus-Christ est mort provenait de cette plante, comme le prétendaient les Rosicruciens, une organisation fraternelle maçonnique. C'est un arbre épineux à feuilles caduques avec de très grandes gousses, qui est généralement utilisé pour les séances de méditation. En règle générale, les feuilles vertes sont brûlées au centre d'une ronde de méditation. Il est largement utilisé pour nettoyer la maison de la mauvaise énergie ou pour la faire circuler. Il tue les germes, facilite la digestion, soulage la diarrhée et peut être utilisé comme baume pour aider à guérir les plaies.

Camomille : C'est une herbe qui pousse naturellement dans les zones sauvages, mais il est également facile de la cultiver à la maison. Les feuilles de camomille Sahumar sont une pratique ancienne pour attirer la prospérité ou l'argent. Il est également indiqué sous forme d'encens pour mettre fin à la mauvaise humeur et attirer la joie. Il aide à une bonne digestion, contrôle le diabète, soulage les crampes menstruelles.

L'ail : c'est l'un des légumes les plus connus pour ses pouvoirs protecteurs. Il est souvent utilisé pour traiter le mauvais œil et aussi comme talisman protecteur. Vous pouvez mettre de l'ail dans les entrées de votre maison, pour empêcher les mauvaises vibrations d'entrer dans votre maison. Même sous le lit pour recueillir la mauvaise énergie. Antibiotique naturel, antifongique, idéal pour lutter contre les virus, réduit le mauvais cholestérol, abaisse la pression artérielle, puissant antioxydant et antitoxique.

Rue mâle ou rue femelle : c'est une plante aromatique à forte odeur, qui en plus d'avoir de nombreuses propriétés médicinales, a des pouvoirs magiques. De nombreux rituels sont effectués avec rue. (Vous trouverez ci-dessous une explication supplémentaire de cette plante merveilleuse et magique.) La tradition dit qu'il faut mettre une rue à l'entrée de la maison, dans un secteur où elle est touchée par les gens qui y entrent, il faut toujours caresser la rue avant d'entrer dans la maison pour laisser sortir la mauvaise énergie. Il tonifie les artères, protège les capillaires et renforce leurs parois, traite les varices, les œdèmes et autres problèmes circulatoires, ainsi que prévient les saignements internes. Il a des propriétés digestives, prévient le poids de l'estomac et les brûlures d'estomac, réduit les gaz et l'indigestion, stimule la fonction biliaire et est recommandé de consommer après avoir mangé lorsque l'apport a été abondant. Il a des propriétés antispasmodiques, c'est-à-dire qu'il sert à traiter les crampes, la diarrhée et les spasmes d'estomac. Il favorise la menstruation, augmentant la circulation sanguine dans l'utérus, il n'est donc pas recommandé pendant la grossesse, car il peut provoquer des fausses couches. Il est utilisé pour réduire les symptômes de stress, d'anxiété, de nervosité et d'insomnie en raison de ses effets sédatifs. Il apaise la douleur lorsqu'il y a un gonflement ou une tension, réduit l'inflammation dans les maladies rhumatismales ou l'arthrite. Il permet la perte de poids, réduit la rétention d'eau, stimule la libération d'acides gras et de tissu adipeux. Il est bon de savoir que consommer de la rue en grande quantité peut être toxique, ainsi que si votre huile est ingérée (ce qui n'est indiqué que pour les traitements externes). Vous pouvez faire un thé de rue en utilisant un maximum de 12 feuilles de la plante par litre d'eau. Faire bouillir et laisser reposer pendant dix minutes, filtrer et boire jusqu'à deux tasses par jour.

Thym : Cette herbe aromatique est utilisée pour attirer une bonne santé. Ses feuilles doivent être brûlées sur des braises ou du charbon et apporteront la prospérité et une vie saine à toutes les personnes vivant à l'endroit où le rituel est effectué. Pour les problèmes respiratoires, il est anti-inflammatoire, pour traiter les problèmes digestifs, apaise la douleur, est antioxydant, renforce les défenses et est relaxant.

Romarin : C'est une plante très aromatique qui est utilisée (en très petite quantité) pour assaisonner les repas. Le romarin attire la chance, le bien-être physique et chasse l'envie. Pas besoin de le brûler, en accrochant un bouquet de fleurs sur le mur de la maison, la maison sera protégée et toute saine. Il est antiseptique, antispasmodique, aromatisant, dépuratif, stimulant de l'estomac, carminatif, cholagogue -facilite l'expulsion de la bile-, diurétique ou hypotenseur.

Jasmin : Cette fleur est bien connue pour son beau parfum et sous forme d'encens ou d'encens est utilisé pour attirer l'amour et protéger les sentiments et les relations de l'envie des autres. Le jasmin contient des propriétés calmantes qui le rendent idéal pour nous aider à contrôler l'anxiété et d'autres problèmes nerveux tels que l'hyperactivité, le stress ou la dépression. Il sert de somnifère, ce n'est pas spécifiquement un somnifère, mais il peut nous aider à réguler le sommeil lorsque nous avons du mal à dormir. Le jasmin a de nombreux composants dans notre corps qui augmentent la production de mélatonine, l'hormone nécessaire au sommeil de chacun. Il est antispasmodique, comme beaucoup d'herbes de ce type, le jasmin est également utile pour traiter les problèmes musculaires et gastriques, en particulier les crampes. Si vous avez des crampes récurrentes ou si vous

vous réveillez avec beaucoup de gaz ou de crampes, vous pouvez prendre du jasmin pour contrôler ce problème. Anti-thrombose : la thrombose est un problème artériel, lié à la circulation sanguine. Le jasmin contient des propriétés riches en acide salicylique, qui est un excellent remède pour stimuler la circulation sanguine et la faire mieux circuler dans nos veines. C'est antiseptique, c'est bon pour nettoyer la peau et désinfecter toutes sortes de plaies superficielles.

Salle de bain pour la tranquillité

Éléments requis :
    -Basilic
    -Chayote
    -Écorce
    - Eau de mer ou sel de mer dilué dans de l'eau.
    - Cologne 1800
    -Eau de coco
    - 1 voile bleue

Vous devriez faire bouillir le basilic et la chayote dans de l'eau de mer ou de l'eau salée. Quand il refroidit, il filtre et ajoute l'eau de coco, Aguaflorida et pele. Allumez la bougie bleue et versez ce mélange dans l'eau du bain. Si vous n'avez pas de baignoire, vous la jetez et ne la séchez pas.

Bain de guérison

Éléments requis :
- -Aubergine
- -Sage
- -Rue
- -Brandy
- -Écorce
- - Eau de Floride
- -Pluie
- - Bougie verte (si elle est dans la forme pyramidale la plus efficace)

Ce bain est plus efficace si vous le faites un dimanche au temps du Soleil ou de Jupiter. Coupez l'aubergine en petits morceaux et mettez-les dans une grande casserole. Puis faire bouillir la sauge et la rue dans l'eau de pluie. Filtrer le liquide sur les morceaux d'aubergine, ajouter l'Aguaflorida, le brandy, l'écorce et allumer la bougie. Versez le mélange dans l'eau pour le bain. Si vous n'avez pas de baignoire, vous la jetez et séchez avec de l'air, c'est-à-dire n'utilisez pas la serviette.

Bain protecteur avant la chirurgie

Éléments requis :
- - Cloche pourpre
- -Eau de coco
- -Écorce
- - Cologne 1800
- - Toujours vivant

- Feuilles de menthe
- Feuilles de rue
- Feuilles de romarin
- Bougie blanche
-Essence de lavande

Ce bain est plus efficace si vous le faites un jeudi au moment de la Lune ou de Mars.

Faites bouillir toutes les plantes dans de l'eau de coco, quand elle refroidit, vous filtrez et ajoutez l'écorce, l'eau de Cologne, l'huile de lavande et allumez la bougie du côté ouest du bain. Versez le mélange dans l'eau du bain. Si vous n'avez pas de baignoire, vous la jetez sur le dessus et ne séchez pas.

L'extraordinaire installation Rue

En soi, c'est un ingrédient actif de nombreux rituels et sorts dans toutes les traditions magiques. C'est la plante de la chance, nos ancêtres lui ont donné le pouvoir de purifier l'esprit, la considérant comme un symbole de pureté. Il est utilisé pour purifier l'esprit et atteindre la clairvoyance, brûlé à l'intérieur des maisons, en plus d'aromatiser, il sert à conjurer les malédictions possibles et les présences invisibles. Rue est utilisé à la fois en magie et en médecine naturelle, les Chinois l'utilisaient pour combattre les fièvres et les mauvaises pensées. C'est une véritable protection pour se défendre contre les mauvaises œuvres. C'est une herbe magique par excellence. Il protège contre le mauvais œil, l'envie et attire l'amour.

Attention : Comme il s'agit d'une plante abortive, il est nécessaire de prendre des précautions extrêmes en cas de saignement de la période menstruelle, car, bien qu'elle favorise l'arrivée de celle-ci et soulage la douleur, elle peut mettre en danger la santé du fœtus au cas où le retard serait causé par la grossesse.

Bien qu'il serve à repousser les insectes, lorsque la rue est appliquée sur la peau, dans certains cas, un effet irritant peut se produire.

Son dosage n'est pas non plus recommandé chez les patients souffrant d'une maladie rénale.

Propriété Rue

Rue est conseillé à ceux qui pratiquent l'habitude malsaine du pessimisme, car cette plante, renforçant la foi et la volonté, prouve que le meilleur talisman pour attirer la santé et la chance est un esprit positif. Lorsque les choses ne vont pas bien, la rue peut transmuter les énergies négatives en énergies positives, qu'il s'agisse des énergies de nos maisons, des personnes proches de nous, de notre esprit ou d'ennemis cachés. Cela contribue également à augmenter le pouvoir du contrôle de l'esprit.

- Une branche fraîche peut être utilisée pour pulvériser de l'eau sacrée et consacrer des bénédictions et des guérisons.

- Utilisée dans l'huile d'autel, elle bénit, purifie, purifie, consacre, protège, exorcise en éliminant les mauvais esprits et les énergies négatives.

- Créez de l'inspiration et de la sagesse.

- Il protège contre les accidents, les attaques psychiques des esprits inférieurs, l'envie, etc.

- Il agit comme préventif car il crée un champ protecteur autour de ceux qui le possèdent.

- L'utilisation de la rue autour du cou aide à la récupération de la maladie et prévient également les problèmes de santé futurs.

- Il est considéré comme la plante du pardon. Ceux qui le prennent, le pardonnent et se pardonnent à eux-mêmes, oublient les mauvais sentiments envers eux-mêmes et les autres et recherchent un optimisme sain.

- Il est protecteur lorsqu'il est accroché à la porte ou mis dans des sacs, et si des feuilles fraîches sont frottées contre le sol, il inverse tous les sorts négatifs qui ont été envoyés contre un.

- Si nous portons une branche sèche attachée avec un arc rouge, nous nous débarrasserons non seulement des piqûres d'insectes et de tous les animaux venimeux, mais nous serons également protégé des énergies négatives telles que l'envie ou la jalousie, ainsi que de tout sort ou malédiction.

- Le laisser macérer dans l'alcool pendant 24 heures, puis prendre une gorgée nous libère des maux de l'amour et de la malchance.

- Porter un drap dans votre portefeuille porte chance. L'amulette doit être faite en tenant les feuilles de rue dans un petit sac de tissu rouge cousu avec du fil rouge. Ce sac doit toujours être emporté avec vous.

Rituel pour détoxifier notre maison avec rue

Pour éliminer les énergies négatives de notre environnement et de nous-mêmes, qui nous empêchent d'attirer tout ce qui est positif, il suffit de brûler une partie de la plante sèche de la rue dans toute la maison, pendant neuf jours consécutifs. Cet encens est un excellent désinfectant, fortement recommandé en cas de maladies infectieuses ou épidémiques.

Les pyramides et la santé

Les pyramides attirent l'énergie, augmentent la vitalité, éliminent les mauvaises vibrations, attirent la prospérité et renforcent l'amour. Les pyramides dans les rituels sont essentielles. Il est prouvé que les pyramides fonctionnent comme des catalyseurs et des catalyseurs d'énergies cosmiques. Les sorciers utilisent des pyramides pour renforcer les sorts. Les rituels avec des pyramides dans le domaine de la santé sont basés sur le rétablissement de l'équilibre énergétique de la personne malade et peuvent être utilisés dans des maladies telles que le rhume, la bronchite, l'asthme, la sinusite, les maux de tête, la migraine, l'hypertension, la diarrhée, les ulcères, l'estomac, les allergies, les affections cutanées, la constipation, la gastrite, les rhumatismes, entre autres.

Couleur correcte

Rouge : associé à la fluidité, à la santé et à la vitalité.

Orange : favorise l'action, la joie et la force physique.

Jaune : stimule la créativité, améliore la mémoire, prévient la peur.

Bleu : crée des états de paix, de compréhension, d'encouragement, d'intuition et de pureté.

Violet : Il donne du pouvoir, de l'inspiration et la capacité de diriger.

Rosa : prévient le stress, induit le sommeil et motive la tendresse.

Blanc : couleur qui représente la pureté et peut renforcer l'effet d'autres nuances.

Brun : un ton de fertilité qui nous rapproche de la terre mère et est associé à l'abondance et au progrès.

Vert : motive l'équilibre, la croissance personnelle et l'union avec la nature.

Rituel pour lutter contre les maux de tête ou les maux d'estomac

Placez une pyramide de quartz blanc où la douleur est ressentie pendant plusieurs minutes, ce qui déverrouille les zones où il y a de l'inconfort, et combat également la douleur.

Rituel de guérison à distance

Écrivez votre pétition sur papier, par exemple : « Je veux que (le nom de la personne) soit guéri de sa maladie (indiquez laquelle) bientôt » et mettez le papier sous une pyramide verte. Vous devez effectuer ce rituel pendant neuf jours d'affilée, et après ce temps, vous brûlez le papier et le jetez. Vous ne devez pas effectuer ce rituel si la personne est dans un état grave, dans le coma ou sous l'influence de drogues ou d'alcool, car cela peut être défavorable.

Rituel de sevrage tabagique

Vous devez emballer l'eau dans un litre et la laisser sous une pyramide verte pendant cinq minutes, puis la mettre au réfrigérateur et chaque fois que vous avez envie de fumer, buvez cette eau. Pour renforcer le rituel, visualisez d'abord les poumons remplis de fumée, puis comment ils sont complètement nettoyés.

Rituel d'amélioration de la vitalité

Plongez une pyramide d'aluminium dans un seau d'eau pendant 24 heures. Le lendemain, après un bain régulier, rincez avec cette eau. Ce rituel peut être effectué une fois par semaine.

Rituel contre l'obésité

Vous devriez méditer pendant dix minutes, avant de manger, sous une pyramide en bois. Donc, c'est un morceau de papier que vous écrivez une liste des aliments que vous consommez le plus et que vous devriez modérer. Il est important d'avoir l'air mince et en bonne santé. Effectuez ce rituel tous les jours pendant 15 jours.

Rituel contre les griffes menstruelles

Vous devez vous allonger sur le dos avec la tête tournée vers le nord et mettre une pyramide jaune au bas de votre ventre pendant dix minutes, afin que les maladies disparaissent.

Rituel pour se détendre

Vous devriez prendre une pyramide violette dans vos mains, puis vous allonger sur le dos les yeux fermés, garder votre esprit vide et respirer doucement. À ce moment-là, vous sentirez que vos bras, vos jambes et votre poitrine deviennent engourdis. Ensuite, vous vous sentirez plus lourd, cela signifie que vous êtes totalement détendu, ce rituel génère la paix et l'harmonie.

Rituel pour une vieillesse en bonne santé

Vous devriez prendre un gros œuf et le peindre en or. Lorsque la peinture sèche, vous la mettez à l'intérieur d'un cercle que vous ferez avec 7 bougies (1 rouge, 1 jaune, 1 verte, 1 rose, 1 bleue, 1 violette, 1 blanche). Vous vous asseyez devant le cercle avec la tête couverte d'un mouchoir blanc et allumez les bougies dans le sens des aiguilles d'une montre. Dites les instructions suivantes lorsque vous les activez :

1- Geniuos transmitto obtinere prosperus et salutaris posterum

2- Prosperus et salutaris sensum assequi transmitto posterum

3- L'ego sanum prosperum confère gaudia adipisci posterum

4- Amoris gratuite et transmittere ad obtinendam irregularitatum prosperus et salutaris ille futura ! Transmetteur sain moi

5- Proprii ingenii habeatur res seus recognoscens futura !

6- Non transmitente luchem remissionemque Mercator obtempere prosperus et salutaris ele futura !

7- Transmit me perfect paxá et concordia obtinere prosperus et salutaris ille futura !

Laissez les bougies brûler. Ensuite, vous enterrerez l'œuf dans un pot en argile et le remplirez de sable sur la plage, le laissant exposé à la lumière du soleil et au clair de lune pendant trois jours et nuits consécutifs. Vous aurez ce pot pendant trois ans à l'intérieur de votre maison, après ce temps, vous déterrerez l'œuf, casserez la coquille et ce que vous trouverez à l'intérieur, vous le laisserez à la maison comme amulette protectrice.

Huiles

Les huiles essentielles, telles que les bougies et les plantes, sont traditionnellement utilisées en magie. Ils ne sont pas seulement utilisés pour consacrer des bougies et des guérisons bioénergétiques, mais aussi dans des rituels et des sorts. Grâce aux huiles, nous pouvons invoquer les esprits, nos guides spirituels et nos maîtres ascensionnés, car chaque huile a des propriétés différentes.

Certains ont des propriétés thérapeutiques, relaxantes et énergétiques. Ceux-ci agissent sur les plans subtils, de sorte qu'ils peuvent être utilisés comme thérapie vibratoire. Ils aident également à la méditation, à la concentration et à toutes les techniques conçues pour rechercher l'équilibre et l'harmonie. Mais ce n'est pas tout. Selon les experts, les huiles absorbent les qualités de la fleur ou de la plante avec laquelle elles sont fabriquées et, de la même manière, ces avantages passent à la personne sur laquelle elles sont appliquées.

Huiles essentielles

BASIL ocimum basilicum, huile douce revitalisante. Idéal pour éclaircir votre esprit et aider votre concentration, surtout lorsque vous êtes fatigué. Idéal après une journée stressante.

AZAHAR citrus aurantium amara, bourgeon de fleur d'oranger amer. Détente et détente en période de stress. Il aide à retrouver le sommeil. Idéal pour les soins de la peau, en particulier pour les peaux matures et sèches.

Bergamote d'agrumes, relaxante, rafraîchissante. Idéal pour les soins de la peau, surtout si elle est grasse ou tachée. Arôme d'agrumes. Ajouter une goutte à l'eau bouillie froide, comme un rince-bouche.

BENZOÏNE styrax benjoin, contient de la vanilline, ce qui lui donne un arôme crémeux. Apaisant et réconfortant. Bonne protection pour les peaux rugueuses, en particulier celles qui travaillent à l'extérieur. Vous devrez peut-être vous réchauffer.

CAJAPUT malaleuca cajaputi, avec une odeur âcre de camphre, semblable à l'eucalyptus. Très utile pendant les mois d'hiver pour ses propriétés pour nettoyer, rincer, nettoyer les impuretés.

CAMAMILA anthemis nobilis, avec un arôme fruité doux. Idéal pour les soins de la peau, surtout si elle est sensible et problématique. Relaxant et relaxant. Induit le sommeil. Idéal pour les articulations et les muscles raidis.

La cannelle cinnamomum zeylanicum, feuille aromatique, produit de la chaleur. Stimulant pour tous les systèmes. Un parfum idéal pour les chambres. Il est mélangé avec de l'orange et des clous de girofle.

CEDRUS Atlantica CEDAR, l'une des huiles les plus anciennes, traditionnellement utilisée comme fixateur dans l'industrie du parfum. Arôme relaxant de bois. Une grande aide pour les peaux grasses et irritantes du cuir chevelu. Il peut être ajouté à un vase de parfum dans les armoires pour repousser les mites.

CORIANDRE coriandrum sativum, arôme doux. Stimulant et rafraîchissant. Bon pour la friction musculaire. Il ouvre l'appétit et favorise la digestion.

CIPRES cupressus sempervirens, un arôme rafraîchissant. Déodorant naturel. Astringent, souvent utilisé après le rasage. Utile pour lutter contre la cellulite et les pieds en sueur. Bon pendant la ménopause.

CLOU DE GIROFLE EUGENIA CARYOPHYLLATA, ARÔME CEUX-CI. Idéal pour le rince-bouche. Antiseptique. Répulsif.

EUCALYPTUS globulus, antiseptique puissant. Une huile d'hiver bien connue, traditionnellement utilisée pour son arôme piquant qui nettoie, purifie les impuretés et clarifie. Il peut être brûlé, pour garder l'air exempt de germes, ou ajouté à l'huile de massage, pour nettoyer la poitrine avec friction. Idéal pour les athlètes.

HINOJO foeniculum vulgare, huile détoxifiante douce. Il améliore la circulation et aide à combattre la cellulite et la prise de poids.

INCIENSO boswellia carteri, arôme chaud et apaisant. Traditionnellement utilisé pour le brûler, comme aide à la méditation : il crée un environnement spirituel. Utile dans les soins de la peau. Idéal pour les peaux matures (dont on dit qu'elles ont des qualités rajeunissantes).

GERANIUM pelargonium graveolens, une huile rafraîchissante qui équilibre la relation corps-esprit. L'arôme agréable des fleurs est largement utilisé dans l'industrie du parfum. Idéal pour les soins de la peau. Bon insectifuge. Ajoutez-le à l'huile de massage ou au bain, contre la cellulite.

GINGEMBRE zingiber officinalis, remède traditionnel chinois contre l'excès d'humidité. Idéal en hiver car il produit de la chaleur. Bon tonique musculaire.

Citronnelle citratum cymbopogon, arôme intense et citron doux. Idéal pour évaporer et faire disparaître les odeurs désagréables. Remontez le moral et rafraîchissez-vous. Bon pour les pieds fatigués et en sueur. Bon rinçage pour les cheveux gras.

JAZMIN jasminium grandiflorum, relaxant, apaisant et aide à remonter l'humeur. Idéal dans une crème hydratante pour les peaux sèches et sensibles. Propriétés sensuelles.

JUNIPERO juniperus communis, antiseptique et astringent, idéal pour les peaux grasses. Ajouter à l'huile de massage ou à la base de bain pour lutter contre la cellulite. Massage du cuir chevelu pour obtenir des cheveux sains. Il a un effet nettoyant sur le corps.

Lavendula angustifolia, la lavande, est la plus douce, mais aussi la plus efficace des huiles essentielles. Il peut être utilisé pur, comme antiseptique. Idéal pour les soins de la peau. Il aide au repos, rétablit l'équilibre et induit le sommeil.

LIME (distillat) aurantifolia d'agrumes, excellent tonique et antiseptique. Arôme frais, doux et délicieux. Il est obtenu à partir de la distillation de tous les fruits mûrs.

LIMON citrus limonum, excellent antiseptique. Rafraîchissant et liftant. Bon insectifuge. Idéal pour rincer les cheveux. Il peut être utilisé pour éclaircir la peau tachée sur les mains ou pour tonifier et conditionner les ongles et les cuticules. Il se mélange bien avec d'autres huiles.

MANDARINO citrus réticulât, connu pour son action délicate et apaisante, convient également aux plus fragiles. Ajouter à l'huile de massage pour prévenir les vergetures.

MEJORANA origanum marjorana, huile douce chaude et réconfortante. Bon pour les muscles fatigués et idéal pour après avoir pratiqué un peu de sport. Ajoutez simplement à l'huile de massage et frottez. Massez l'abdomen pendant la menstruation.

Menthe est poivrée, odeur pénétrante qui s'éclaircit. Il donne de la vigueur, idéal comme compagnon de voyage. Utiliser pour mouiller les pieds fatigués et en sueur.

MIRRA commi hora mirra, arôme exotique. Les anciens soldats grecs l'ont emmené au combat. Bon pour le rince-bouche. Bon pour les soins de la peau, en particulier pour les peaux à problèmes.

ORANGE citrus sinensis, apaisant. Élevez vos esprits. Ajouter à la base du bain en hiver. Induit le sommeil. Idéal pour l'évaporation. Il se mélange bien avec d'autres huiles.

MISTIC HAZELNUT FRAGANS, arôme chaud, doux et savoureux. Stimule l'imagination. Bon pour la friction musculaire. Stimule la digestion. Utiliser avec parcimonie.

PALMARROSA cymbopogon martinii, 'Huile de géranium indien' - Excellent pour les soins de la peau. Il aide à vous hydrater. Idéal pour les moments difficiles.

PACHULI pogostemon patchouli, une huile exotique. Il aide à prévenir la peau de devenir sèche et rugueuse. Pour les cheveux foncés, ajouter au shampooing ou rincer la fin. Masser dans le cuir chevelu contre les pellicules. Utiliser comme parfum.

BLACK PEPPER piper nigrum, stimulant l'huile qui produit de la chaleur. Une bonne aide pour la friction musculaire. Ajouter à l'huile de massage, avant et après les exercices.

POMELO citrus paradisil, soulève les esprits. Refroidissement. Bon tonique pour la peau et les cheveux. Utile en période de confusion.

CLARY SAGE – relaxant et relaxant. Massez l'abdomen avant la menstruation. Idéal pour les peaux matures et les cheveux gras. Arôme défini et sucré. Un excellent tonique pour les nerfs.

La meilleure huile du signe du zodiaque

ARRIES, clous de girofle, cèdre, clous de girofle.
TAUREAU : violette, vanille, magnolia.
GÉMEAUX : Anis, menthe, bergamote, lavande.
CANCER : Lys, citron, gardénia.
LEO : Genévrier, cannelle, bois de santal, orange.

VIERGE : chèvrefeuille, patchouli, lavande, bergamote.
BALANCE : Marjolaine, rose, violette, vanille.
SCORPION : Pin, gardénia, jacinthe, myrrhe.
SAGITARIO : Anèse, encens, romarin, sauge.
CAPRICORNE : Lilas, verveine, cyprès.
VERSEAU : Lavande, pin, anis, patchouli.
POISSONS : Eucalyptus, lys, ylang-ylang, clous de girofle.

Huile d'eucalyptus. Le meilleur purificateur

L'eucalyptus est l'une des plantes les plus utiles de la création, son origine est australienne et les émanations de ses feuilles et de ses fruits purifient et embaument l'air, ce qui le rend très sain. Il est idéal pour purifier les environnements et le corps. L'application de cette huile chaude est relaxante et utile contre les douleurs musculaires, encore plus si elles sont chroniques et aussi pour les personnes qui gonflent leurs pieds ou souffrent de leurs douleurs. Il est merveilleux de réduire l'inflammation des pieds fatigués et, à son tour, de lutter contre les problèmes d'arthrite.

En tant qu'outil d'aromathérapie, il a un effet équilibrant sur le corps car il dynamise, purifie et purifie. Rafraîchissant et en massage, il est particulièrement recommandé sur les peaux abîmées, brûlées et tachées. Il sert de déodorant, de cicatrisation, d'antirhumatismal, de réducteur de fièvre et de stimulant du système respiratoire.

Son effet secondaire est qu'il effraie les moustiques avec sa forte odeur.

La façon la plus courante de l'utiliser est de le frotter sur la peau et de le recouvrir d'un chiffon afin que la chaleur émanant ait un effet pénétrant à travers la peau. Pour la douleur, vous devez l'étaler en frottant la zone touchée et en recouvrant d'un bandage en laine ou en coton le même dans lequel la douleur est concentrée. Si vous souhaitez purifier un environnement, laissez le pot ouvert et sa forte odeur fera effet, il est important que les fenêtres soient fermées de la même manière que les portes. L'utilisation idéale est de le laisser toute la nuit et le matin après l'ouverture de toutes les portes et fenêtres. Pour débloquer les voies respiratoires, vous devez étaler abondamment l'huile sur la plante de vos pieds avant d'aller au lit, puis mettre vos chaussettes. Si vous voulez vous détendre, allongez-vous sur le dos, la poitrine et les pieds et allongez-vous dans une pièce froide. Pour faire baisser la fièvre, il est mélangé avec de l'eau très froide, et une serviette est mouillée avec ce mélange et le patient est habillé.

Huile de cacao. Le meilleur stimulant

Cette huile a d'excellentes propriétés antidépressives en raison de sa grande quantité de phényléthylamine, qui est une substance qui stimule le corps. Son odeur stimule un désir agréable, de sorte que pendant des années, il a été utilisé comme aphrodisiaque ou stimulant sexuel, et pour dominer par le charme de son odeur.

Si vous voulez augmenter votre sexe, vous devez étaler l'huile sur tout votre corps avant le coucher. En tant qu'antidépresseur, vous devriez l'utiliser comme une crème pour le corps, il est fortement recommandé chez les femmes qui sont dans leur période menstruelle. Pour dominer, vous pouvez l'utiliser lorsque vous avez des relations sexuelles avec votre partenaire.

Rituel contre l'insomnie

Vous devez prendre un quartz blanc de taille moyenne et le passer à travers toutes les parties de votre corps séparément, en commençant par votre tête jusqu'à ce que vous atteigniez vos pieds. Ce faisant, répétez à haute voix : Mwen vle dòmi ak rès, se poutèt sa mwen envoke zanj yo nan dòmi ede m 'reyalize objektif sa a. Il y aura une amélioration immédiate des habitudes de sommeil. Le quartz blanc doit être enterré et dédié à l'esprit de la terre.

Rituel des maux de tête

Vous devriez vous allonger sans oreiller sur le sol, auparavant vous devriez placer une bougie violette en forme de pyramide dans la partie ouest de la pièce. Au milieu du front mettre une améthyste en forme de pyramide. Visualisez un nuage noir sortant de votre tête, avançant à travers votre corps, jusqu'à ce qu'il sorte de vos pieds.

Sort pour protéger la santé de nos animaux de compagnie

Vous devriez faire bouillir de l'eau minérale, du thym, du romarin et de la menthe. Quand il refroidit, placez-le dans un récipient d'atomiseur devant une bougie verte et dorée. Lorsque des bougies sont consommées, vous devez utiliser cet atomiseur sur votre animal de compagnie pendant neuf jours. Principalement sur la poitrine et la longe.

Sort pour la douleur chronique.

Éléments requis :
- 1 bougie dorée
- 1 bougie blanche
- 1 bougie verte
- 1 tourmaline noire
- 1 photo de vous ou d'un objet personnel
- 1 verre d'eau de lune
- Photographie de la personne ou de l'objet personnel

Placez les 3 bougies en forme de triangle et placez la photo ou l'objet personnel au centre. Mettez le verre d'eau de la lune sur la photo et versez de la tourmaline à l'intérieur. Puis allumez les bougies et répétez le sort suivant : « J'allume cette bougie pour obtenir ma guérison, invoquant mes feux intérieurs, mes salamandres et mes ondes protectrices, pour transmuter cette douleur et cet inconfort en énergie de guérison de la santé et du bien-être. Répétez cette phrase trois fois. Lorsque vous avez terminé la phrase, prenez le verre, retirez la tourmaline et jetez l'eau dans un drain de maison, soufflez les bougies avec vos doigts et conservez-les pour répéter ce sort jusqu'à ce que vous récupériez complètement. La tourmaline peut être utilisée comme amulette de santé.

Sortez pour perdre du poids.

Éléments requis :
- 1 poupée similaire à la forme désirée.
- 1 récipient à large ouverture
- Eau de la Lune ou eau bénite
- Palo yo puedo más que tú

Prenez la poupée et écrivez son nom au dos et la date de naissance. Vous le mettez à l'intérieur du récipient avec votre bouche grande ouverte et versez l'eau sacrée.

Laissez-l 'exposé au soleil jusqu'à ce que l'eau s'évapore entourée de bâtons que je peux plus que vous. Ensuite, prenez la poupée et marquez avec un crayon noir sur les parties qui jusque-là vous n'avez pas perdu de poids.

Cachez-le dans un endroit qui n'est visible par personne jusqu'à ce que vous atteigniez votre objectif. Ensuite, vous pouvez l'enterrer.

Sort à améliorer immédiatement

Vous devriez prendre une bougie blanche, verte et jaune. Vous les consacrerez (de la base à la mèche) avec de l'essence de pin et les déposerez sur une table avec une nappe bleue, en forme de triangle. Au centre, vous placerez un petit récipient en verre avec de l'alcool et une petite améthyste. À la base du récipient, une feuille avec le nom de la personne malade ou la photo avec son nom complet et sa date de naissance. Allumez les trois bougies et laissez-les allumées jusqu'à ce qu'elles soient complètement consommées. Lorsque vous effectuez ce rituel, visualisez la personne en parfaite santé.

La magie du romarin

Le romarin est chaud et sec dans la nature. Ses racines, ses branches, son écorce, ses fleurs et ses feuilles ont des vertus presque infinies. Les bio techniciens au romarin les plus tendres, mangés le matin rapidement avec du pain et du sel, fortifient la tête et le cerveau, gardent l'œil vif et fort. La fleur et les feuilles de romarin, pulvérisées et placées sur le côté gauche, éloignent la tristesse et illuminent le cœur. La fleur de romarin, mangée à jeun avec du miel de la même fleur et un pain grillé, conserve beaucoup de santé. La fumée du romarin chasse toute la peste et la mauvaise contagion. Les branches et le tronc de romarin, brûlés et pulvérisés, servent à blanchir les dents et à les raffermir, et ne les laissent pas générer de vers ou de rhume. Dans les maisons où il est de coutume de fumer avec du romarin, les mauvais esprits n'habitent pas.

Celui qui a l'habitude de baigner le corps avec de l'eau de romarin bouillie préservera la santé et la jeunesse. Si la personne souffrant de rhumatismes reçoit de la fumée de pelure de romarin par le nez, elle se rétablira. Les feuilles de romarin écrasées et broutées, et placées au-dessus des fissures des enfants les guérissent, les soudent et les fortifient en neuf jours. La fleur de romarin mélangée à du miel et prise matin et soir, guérit toute affection cachée, préservant et protégeant contre toutes les maladies dues aux mucosités, à la viscosité et au froid.

La fleur de romarin vert séchée mélangée à du sucre et prise le matin avec une dose de vin blanc, bannit les maladies cardiaques, élimine les flatulences et les douleurs à l'estomac et résout enfin les vomissements.

La femme qui a peu de lait pour allaiter ses enfants devrait manger la feuille et la fleur de romarin, ce qui provoquera une abondance de lait, car il purifie le sang et conforte la digestion. Laver votre visage avec de l'eau de romarin avec un chiffon de toile, le rend beau, frais et brillant, et s'il s'agissait de vin cuit avec du romarin au lieu de l'eau, ce sera mieux, car l'utiliser tous les jours ne courbera jamais votre visage, au lieu de cela, il vous gardera frais et beau, éliminant les taches et les chiffons du visage.

Les feuilles et les racines de romarin, cuites avec du vinaigre, servent à éliminer la douleur dans les jambes et les pieds fatigués de marcher lorsqu'ils sont lavés avec.

Sort contre la dépression

Vous devriez prendre une figue avec votre main droite et la mettre sur le côté gauche de votre bouche sans la mâcher ou l'avaler. Ensuite, choisissez un raisin avec votre main gauche et placez-le sur le côté droit de votre bouche sans le mâcher. Lorsque vous avez déjà les deux fruits dans la bouche, mordez-les en même temps et avalez-les, le fructose qu'ils dégagent vous donnera de l'énergie et de la joie.

Aphrodisiaque africain

Vous devriez faire tremper six gousses de gousse de vanille dans de la tequila pendant deux semaines dans une bouteille hermétique. Secouez-le plusieurs fois par jour et, si nécessaire, buvez dix à quinze gouttes pour stimuler votre désir sexuel.

Potion magique de fertilité

Ce rituel est plus efficace si vous l'effectuez pendant le croissant de Lune.

Éléments requis :
- 9 bougies jaunes
- Palo Santo
- 1 verre d'eau sacrée
- 1 quartz rose
- 1 plaque jaune

-     Miel
-     Cassonade
-     1 gros œuf de poule et c'est sain

Pentacle #2 de Vénus

Faites bouillir l'œuf. Vous préparerez un autel comme suit : à gauche, mettez une bougie jaune, à droite le pôle sacré, la plaque jaune au centre au-dessus du pentacle #2 de Vénus avec du quartz rose et mettez l'œuf sur l'assiette. Versez le miel sur l'œuf et le sucre. Allumez les bougies et répétez le sort suivant : Doux ak Guépard sûr nan matris là. Ou vini nan lavi mwen, ti bebe dous mwen. Ce rituel devrait avoir de la lumière pendant neuf jours, donc si les bougies s'éteignent, mettez-en une autre. Après 9 jours, vous devriez aller dans un endroit où il y a de la végétation, comme un jardin, un parc, etc. et laisser l'œuf avec le reste des ingrédients.

Sort de récupération

Éléments requis :
- 1 bougie blanche ou rose
- Mettez-les dans la rose
- Huile d'eucalyptus
- Huile de citron
- Huile d'orange

Vous devriez écrire avec une aiguille à coudre le nom de la personne qui a besoin du sort. Consacrez la bougie avec les huiles sous la pleine lune, en répétant : « La Terre, l'Air, le Feu, l'Eau apportent la Paix, la Santé, la Joie et l'Amour à la vie de (dites le nom de la personne) ». Laissez la bougie brûler complètement. Les restes peuvent être éliminés n'importe où.

Sort irlandais pour la guérison à distance

Éléments requis :
- 1 morceau de papier violet
- Étamine blanche
- 1 ciseaux
- Violettes fraîches
- 1 plume noire d'oiseau
- 1 bougie violette
- 1 petit pot
- 1 Photographie de la personne

-       Eau sacrée

Ce sort est plus efficace lorsque la lune est pleine, ou le jeudi au moment du Soleil ou de Jupiter.

Allumez la bougie et remplissez le pot d'eau bénite. Placez les violettes à l'intérieur du vase. Découpez un cœur dans du papier violet et écrivez le nom complet de la personne d'un côté et les mots « Excellente santé » de l'autre côté. Faites un petit trou dans le côté gauche du cœur et glissez la corde blanche à travers elle et attachez-la au vase avec la plume de l'oiseau. Vous le gardez jusqu'à ce que la personne s'améliore.

Sort gitan pour la santé des enfants

Vous devriez mettre la colonie d'Aguaflorida dans la salle de bain quotidienne, puis attacher avec un ruban rouge un sac de rue et le mettre sous le lit ou le berceau pendant sept jours. Après ce temps, enveloppez-les bien dans un tissu blanc et enterrez-le pour que la terre absorbe le négatif de l'enfant.

Sort haïtien pour les maux de tête

Dans une nourriture en conserve vide, vous pouvez mettre de la poudre de café usagée, c'est-à-dire que vous l'avez prise de la cafetière lorsque vous la lavez. Lorsque vous commencez le mal de tête, mettez de l'eau dans un pot en fer. Prenez la boîte ajouter trois cuillères à soupe de café et d'eau bouillante au bord. Laisser reposer et boire trois verres de la préparation sans édulcorer. Jetez le reste, lavez la boîte et placez-la à la tête du lit à l'envers.

Enchantement aux huiles essentielles

Mélanger sept gouttes d'huile essentielle de vanille, sept gouttes d'huile essentielle de menthe poivrée, sept gouttes d'huile essentielle de citron, de pomme, de rue et de camomille. Utilisez cette huile pour répandre le corps de la personne malade jusqu'à ce que la quantité entière soit consommée.

Sort pour éliminer les énergies négatives

Ce sort est plus efficace si vous l'exécutez le dimanche à l'extérieur. Il est nécessaire de rester sans vêtements ou recouvert d'une robe facile à enlever. Ceci est nécessaire pour que rien n'entrave le nettoyage du champ magnétique. Versez de l'eau de rose dans un bocal en verre, du sel de mer, des pétales de rose rouge et blanche et cinq cuillères à soupe de miel. On le laisse reposer pendant 24 heures avant le rituel devant une bougie violette. Allumez une bougie blanche et déshabillez-vous devant, passez la fumée d'un encens de sauge à travers le corps, vous devez commencer par la plante des pieds. Ensuite, prenez un onyx de quartz ou d'obsidienne et parcourez tout le corps, en commençant également par les pieds. Ensuite, vous baignez votre corps avec l'eau du bocal en verre et laissez l'air vous sécher. Votre aura est complètement purifiée et votre corps avec vitalité.

La poussière pour lutter contre les attaques psychiques

Éléments requis :
- Fleurs de calendula,
- 1 cuillère à café d'huile de tournesol
- 1 cuillère à soupe de fleurs de lavande séchées
- Un évier orange indispensable

Écrasez les fleurs et mélangez-les avec de l'huile de tournesol, ajoutez cinq gouttes d'huile d'orange. Mettez la préparation dans un récipient en plastique et mettez-la au réfrigérateur. Quand il se solidifie, garde-le toujours à portée de main et frottez-le sur vos poignets et derrière vos oreilles du bout des doigts chaque fois que vous vous sentez vulnérable à l'énergie négative. Pendant que vous frottez, demandez à l'univers ou à votre ange gardien de vous protéger.

Élimination des organismes nuisibles

Pour vous débarrasser des parasites, vous devriez prendre beaucoup d'ail et faire un collier avec eux. Vous devriez l'avoir pendant trois nuits et, petit à petit, vous vous débarrasserez de ces animaux indésirables.

Salle de bain pour dormir et se reposer

Faire bouillir le tilleul et le romarin dans de l'eau sacrée. Lorsque vous allez prendre une douche après le rinçage, versez de l'eau du cou vers le bas. Vous ne devriez pas sécher.

Sort minceur

Vous devez vous piquer le doigt avec une épingle et, sur un papier blanc, verser trois gouttes de sang et une cuillère à soupe de sucre, puis fermer le papier en enveloppant le sang de sucre. Mettez ce papier dans un nouveau récipient en verre sans dessins, remplissez le verre en deux avec votre urine, laissez-le toute la nuit devant une bougie blanche et enterrez-le le lendemain.

Sort pour améliorer les maux de tête

Vous devriez prendre une bougie blanche et insérer trois clous de girofle. Écrivez le nom de la personne qui a la douleur. Allumez la bougie et priez pour la santé de cette personne.

Formule magique pour une peau éclatante

Mélangez huit cuillères à soupe de miel, huit cuillères à café d'huile d'olive, huit cuillères à soupe de cassonade, un zeste de citron râpé et quatre gouttes de citron. Quand c'est comme une masse molle, vous le mettrez sur tout votre corps, en le massant pendant cinq minutes. Ensuite, vous prenez une douche et alternez de l'eau chaude, puis de l'eau froide.

Sort pour guérir les maux de dents

Vous devez faire avec du sel de mer une étoile à cinq branches, grande parce que vous devez vous tenir au centre de celle-ci. À chaque extrémité, mettez une bougie noire et le symbole du tétragramme (vous pouvez imprimer l'image), des feuilles de romarin, des feuilles de laurier, des pelures de pomme et des feuilles de lavande. Quand il est 12h00 du matin, vous êtes au centre, allumez les bougies et répétez : sanus ossa mea sunt : et labia circa dentes meos

Symbole du tétragramme

Potion pour oublier les douleurs de l'amour

Faites du thé à la mélisse le vendredi, heure de Vénus, dans la phase de la Nouvelle Lune. Le mettre pendant cinq heures vous place au-dessus du Pentacles #1 de Vénus. Ensuite, buvez trois tasses : une à jeun, une en milieu de matinée et une avant d'aller au lit. Suivez le rituel pendant une semaine et vous oublierez toutes vos douleurs.

Sort romain pour la santé des enfants

Vous devez ramasser cinq feuilles de romarin, de rue et de pétales de rose blanche et les faire bouillir. Placez la préparation, lors du refroidissement, pendant trois heures au-dessus du troisième pentacle de Mercure.

Ajouter l'essence de bois de santal, de rose et d'huile de lavande. Offrez ces bains aux anges gardiens de l'enfant pendant cinq jours, en allumant une bougie violette pour transformer le négatif en positif que vous devez consacrer plus tôt avec de l'huile de mandarine.

Troisième pentacle de Mercure

Sort viking pour préserver la santé

Éléments requis :
- 1 bougie blanche
- 1 bougie ciel bleu
- 1 bougie rouge
- 1 nouvelle aiguille à coudre.

Rune viking

Ce rituel est plus efficace pendant la phase du croissant de Lune, de préférence à l'époque de Jupiter. Écrivez votre nom à l'aide de l'aiguille à coudre sur les bougies. Placez les bougies en forme de triangle. Au milieu de cela mettre la rune viking, mais avant d'écrire derrière le nom et la date de naissance de la personne. Allumez d'abord la bougie blanche et répétez à haute voix : « Avec cette bougie, je me protège de la maladie. » Puis allumez la bougie bleue : « Cette bougie m'apporte la santé. » Enfin, allumez la bougie rouge : cette bougie augmentera mes forces vitales. Lorsque les bougies sont consommées, vous mettez les restes et la rune dans un sac vert et l'enterrez.

Rituel pour prévenir la perte de mémoire.

Pendant trois semaines consécutives, lorsque vous vous levez et avant de remplir votre hygiène personnelle, vous devez mettre sur vos poignets pendant onze minutes, un demi-citron fraîchement coupé. Après le toilettage, vous devriez prendre une infusion de menthe, de gingembre et de curcuma en sept gorgées. Ce rituel devrait commencer pendant la phase du croissant de lune.

Rituel pour la beauté de la peau

Ce rituel est plus efficace si vous l'effectuez un dimanche ensoleillé. Vous devriez faire bouillir les feuilles de romarin dans du vin rouge. Filtrez ce mélange après son ébullition et laissez-le reposer au clair de lune. Le lendemain, avant huit heures du matin, vous devez vous laver le visage avec ce liquide sous forme de compresses.

Bain rituel aux herbes amères

Ce rituel est utilisé lorsqu'une personne a été ensorcelée si puissamment que sa vie est en danger.

Éléments requis :
- 7 Feuilles de myrte
- Jus de grenade
- Lait de chèvre
-Sel
- Eau sacrée
-Écorce
- 8 lames de brise-mur

Vous devez verser le lait de chèvre dans un grand récipient, ajouter du jus de grenade, de l'eau sacrée, des plantes, du sel de mer et de l'écorce. Vous le laissez préparé pendant trois heures devant une bougie blanche, puis vous le jetez sur votre tête. Vous devriez dormir comme ça et rincer le lendemain.

Rituel pour une bonne santé tout au long de l'année

Placez trois roses blanches, trois roses jaunes et trois roses rouges dans un nouveau vase en verre transparent. Ajoutez six pièces, de n'importe quelle valeur, et une ciboulette coupée en morceaux. Versez de l'eau sacrée et sept jours plus tard, changez-la en ciboulette, les pièces les quittent. Commencez ce rituel le premier vendredi de chaque mois et exécutez-le pendant trois semaines. L'objectif est d'apporter la paix, la santé et de conjurer essentiellement toutes sortes de maladies.

Sort de santé grec

Ce sort est plus efficace dans la phase de pleine lune. Vous avez besoin d'un quartz blanc, d'eau sacrée, de sel de mer, d'un récipient. Mélangez l'eau avec suffisamment de sel de mer dans le bol. Plongez le quartz dans le récipient, puis portez-le dans vos mains, soulevez-le vers la lune et répétez « Salutem et felicitatem abundat detrahet me in domum meam Spiritus Sancti ». Une fois terminé, mettez la pierre sur votre cou pendant un mois entier.

Rituel de santé

Vous devez faire bouillir dans une casserole plusieurs pétales de roses blanches, de romarin et de rue. Lors du refroidissement, ajoutez l'essence de rose et l'huile d'amande. Allumez cinq bougies violettes dans votre salle de bain, que vous avez déjà consacrées avec de l'huile d'orange et de l'eucalyptus. Sur une bougie, vous devez écrire le nom de la personne. Mouillez-vous avec cette eau et pendant le bain, vous devez visualiser que les maladies ne s'approcheront pas de vous ou de votre famille.

Rituel de santé dans la phase du croissant de lune

Sur du papier d'aluminium, vous mettrez du sel de mer, 3 gousses d'ail, quatre feuilles de laurier, cinq feuilles de rue, une tourmaline noire et une carte avec le nom de la personne. Pliez-le et attachez-le avec un ruban violet. Emportez cette amulette avec vous dans votre poche ou votre sac de veste.

Rituel d'amélioration de la santé

Éléments requis :
- 1 bougie rouge en forme de pyramide
- Sept semences de maïs
- 1 morceau de papier rouge
- 1 plaque de cristal blanc
- 1 morceau de camphre
- 5 Feuilles de menthe
- 7 feuilles de basilic
- 1 Quartz améthyste
- 1 pot avec de la terre

Vous devez mettre les graines de maïs dans l'assiette, allumer la bougie rouge à droite, que vous laisserez consommer pendant 15 minutes et l'effacer après cette période. Lorsque vous allez dormir, placez ce plat sous le lit à hauteur de tête. Le lendemain, lorsque vous vous lèverez, vous envelopperez les graines de maïs, de camphre, de basilic, d'améthyste et de menthe dans du papier rouge. Vous stockerez cet emballage et son contenu pendant cinq jours, après ce temps, vous enterrerez tout dans un pot à l'intérieur de la terre de votre maison.

Rituel pour augmenter la fertilité

Éléments requis :
- 1 bougie rose
- 1 bougie bleue
- 1 bougie violette
- Feuilles de chêne
- 7 pétales de rose rouge
- 7 pétales de rose jaune
- 1 œuf
- 1 quartz rose
- 1 crayon à quartz lapis Lazulite
- 1 marqueur permanent

Sur la bougie rose, vous écrirez le mot « fille », en bleu « garçon » et en violet votre nom et votre date de naissance et les mots « Je suis une mère ». Mettez des bougies en forme de pyramide, le violet devrait être sur la pointe. Les bougies sont allumées, en commençant par le violet. Avec le marqueur indélébile, écrivez sur l'œuf le mot « procréer » et placez-le au centre du triangle de bougies. Faites glisser vos mains légèrement à travers la chaleur des flammes de la bougie et amenez-la à votre ventre, en sentant la chaleur et en vous visualisant enceinte. Lorsque les bougies sont consommées, ramassez les restes et l'œuf, que vous enterrerez dans la cour de votre maison ou dans un pot si vous n'avez pas de jardin ou de patio. Avant de fermer le trou, mettez des feuilles de chêne, des pétales de rose et du quartz. Saupoudrez d'un peu d'eau sacrée tous les soirs, jusqu'à ce que vous tombiez enceinte.

Sort de consolidation de l'intégrité

Éléments requis :
1 verre d'eau Eclipse Deux têtes d'ail
- Sel de mer fin
- Un demi-citron
- 1 bougie verte
- 13 Rue part
- 13 feuilles de basilic

Ouvrez toutes les fenêtres et les portes de votre maison et allumez la bougie verte. Hachez l'ail en petits morceaux et versez-les dans le verre avec de l'eau d'éclipse, du sel de mer, 13 gouttes de citron, des feuilles de rue et du basilic. Avec le verre à la main, répétez la demande suivante : « Puissante magie blanche, je vous invoque et je vous invite à me protéger de la maladie. Donnez-moi de l'énergie et de la lumière pour rester en bonne santé. » Mettez vos doigts dans le verre d'eau et passez l'eau sur le front, la poitrine et les poignets de la main. Avec ce que vous avez vécu, vous vous l'avez le visage et vous pouvez le jeter par terre.

Rituel pour prolonger les années de vie

Préparez une infusion avec la plante vivace. Laissez-le reposer pendant cinq heures sur le pentocle #1 du soleil. Avant de l'avaler, répétez le sort suivant : Boli și tremurături, dureri, fă-ți treaba asta. Voi trăi mereu ».

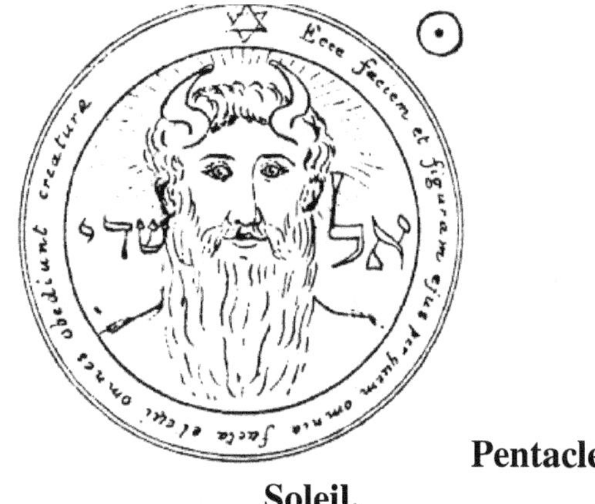

Pentacles #1 du Soleil.

Sort pour arrêter les drogues

Éléments requis :
- Un peu de terrain de cimetière
- Certains des médicaments que vous utilisez
-Vinaigre
- 2 Photos de vous
- Coupures d'ongles ou de certains cheveux

    - 1 bougie noire

    - 1 bougie blanche

    - 1 Tissu noir

    - Fil noir.

    - 2 photos de vous où vous êtes seul, une dans laquelle vous n'aimez rien en regardant, et une autre photo que vous aimez vraiment.

Derrière la photo que vous n'aimez pas, écrivez à l'encre noire : « La vie que je ne veux pas » et sur la photo que vous aimez écrivez : « Une vie meilleure pour moi ». Prenez la bougie noire et consacrez-la avec de l'huile de romarin, écrivez son nom et les mots « c'est fini ». Sur la bougie blanche, écrivez votre nom et les mots « Je suis libre ». Mettez la bougie noire sur la photo que vous n'aimez pas et la bougie blanche sur l'autre photo et allumez-les. Formez avec la terre un cercle complet et fermé autour des bougies. Lorsque les bougies ont été consommées, mélangez les restes de cire qui sont restés avec la terre. Divisez la photo que vous n'aimez pas en morceaux et ajoutez-les à ce mélange, ajoutez des coupures d'ongles ou certains de vos cheveux à ce mélange et ajoutez du vinaigre jusqu'à ce qu'il forme une pâte. Faites une balle avec tout et enveloppez-la avec le tissu noir et attachez-la avec le fil noir. Vous devez l'enterrer dans un cimetière et partir sans regarder en arrière. La photo que vous aimez devrait la laisser avec une autre bougie blanche allumée pendant sept jours.

Sort pour guérir les personnes gravement malades

Vous devriez mettre le diagnostic du médecin et une photo actuelle de la personne dans un récipient en métal. Sur les côtés, mettez deux bougies vertes et allumez-les. Brûlez le contenu du récipient et, au fur et à mesure que vous brûlez, ajoutez les cheveux de la personne. Quand il n'y a que des cendres, mettez-les dans un sac vert, le patient doit dormir avec ce sac sous l'oreiller pendant 17 jours.

Le sort nigérian contre la maladie

Éléments requis :
- Eau sacrée
- Trois citrons
- 1 miroir avec bordure noire
- 1 bougie noire
- 1 tasse
- Correspond

Versez l'eau dans le verre et pressez les trois citrons. Vous vous tenez devant le miroir et allumez la bougie. Lavez votre visage trois fois avec le contenu de la tasse, puis rincez à l'eau froide. Versez une partie de la cire de bougie dans le miroir et attendez qu'elle sèche, retirez la cire du miroir et placez le résidu sous l'oreiller.

Sort pour arrêter une dépendance

Éléments requis :
- Trois avocats
- 1 sachet vert
- 1 feuille de papier vert
- 1 crayon vert pour écrire

Les graines sont extraites de l'avocat et exposées pendant cinq jours à l'extérieur. Écrivez votre nom, prénom et date de naissance sur papier et la dépendance que vous avez. Lorsque les cinq jours passent, mettez les graines d'avocat dans le sac vert avec le papier. Placez-le sous le lit au niveau du plexus solaire. Quand un mois passe, vous devriez le jeter dans une rivière ou la mer.

Qu'est-ce que l'Antahkarana ?

L'Antahkarana est un symbole de guérison très puissant et ancien qui a prévalu au fil des ans (ce symbole aurait plus de 100 000 ans) grâce à la culture indienne et tibétaine. Ce symbole sacré a été gardé secret pendant des milliers d'années, connu et utilisé par très peu de gens. Le moment est venu pour tout le monde d'y avoir accès. C'est un symbole très puissant et le simple fait de l'avoir près de vous crée un effet positif sur vos chakras et votre aura. Lorsqu'il est utilisé dans les thérapies de guérison, il augmente et concentre l'énergie canalisée, tout en accélérant le processus. Certains maîtres Reiki ont utilisé ce symbole avec d'excellents résultats. Lorsqu'il est utilisé dans les méditations, il produit automatiquement ce que les taoïstes appellent « la grande orbite microcosmique », ce qui signifie que l'énergie pénètre normalement dans le corps à travers le chakra de la couronne à travers les chakras du pied et se déplace le long de l'arrière du dos jusqu'à la tête, puis le long de l'avant du corps jusqu'aux pieds. Créant ainsi un flux continu d'énergie dans tous les chakras. Il neutralise également l'énergie qui s'accumule dans les objets, tels que les bijoux ou le quartz, simplement en plaçant l'objet entre deux symboles. Ce symbole est multidimensionnel. D'un certain point de vue, il semble être bidimensionnel, mais en réalité il est composé de trois sept sur une surface plane. Les trois sept représentent les sept chakras, les sept couleurs et les sept tons de la gamme musicale. L'Antahkarana a été créé par un conseil de Hauts Maîtres chargés de surveiller l'évolution de la galaxie. Les Maîtres ont vu la nécessité pour les gens de rétablir la connexion avec le Soi Supérieur, et ils ont créé le symbole et l'ont imprégné d'un décret d'amour. C'est le Soi Supérieur qui crée et guide les avantages obtenus en utilisant le symbole et il est donc impossible de l'utiliser à des fins négatives.

Combien de types d'Antahkarana existent

Il existe deux types distincts d'Antahkarana, l'Antahkarana femelle et l'Antahkarana mâle, tous deux dessinés de deux manières différentes.

Le mâle Antahkarana a une énergie plus puissante et directe et est utilisé pour la méditation, pour tout ce qui concerne les rêves et aussi pour les mandalas avec du quartz.

L'Antahkarana féminine a une énergie beaucoup plus subtile et harmonieuse et est plus utilisée pour les thérapies de reiki ou pour les emplois où nous voulons renforcer notre énergie ou notre aura. Ce symbole a un grand pouvoir énergétique ; Parce que simplement en étant en Sa présence, Il crée un effet positif sur les chakras et l'aura, en effectuant la guérison, Il concentre et approfondit toutes les énergies de guérison appliquées en Sa présence.

Où mettre Antahkarana ?

C'est un symbole de protection que vous pouvez utiliser et mettre dans n'importe quel espace que vous souhaitez faire effet. Sous le matelas de votre lit pour vous aider à dormir, car il fonctionnera comme un purificateur d'énergie, vous dépouillant de tout ce qu'il vous reste et vous paralysant. Sur le lieu de travail, car cela vous aidera à augmenter votre concentration et à nettoyer vigoureusement l'espace. Sous la civière ou le lit d'un malade dans un hôpital. Harmonisez l'aura, simplement en vous gardant visible là où vous êtes. Pour nettoyer le quartz, il suffit de les mettre sur le dessus vous nettoierez vos pierres en profondeur. Apportez de la nourriture et de l'eau simplement en les plaçant au-dessus du symbole, cela fonctionne comme un détoxifiant. Reposez-vous avec votre tête au-dessus du symbole lorsque vous ressentez des maux de tête ou des migraines.

En particulier, si vous utilisez un vert, vous aurez de meilleurs résultats pour la santé.

La magie de la furtivité

En particulier, c'est l'une des disciplines les plus efficaces et économiques de la magie. Ils peuvent être effectués sans rituels compliqués. Grâce à leur simplicité, ils s'apprennent facilement. Une furtivité est un symbole utilisé en magie. Le terme fait généralement référence à un type de signature graphique. Le mot furtif signifie signe ou sceau.

Comment furtivement

Besoin :
-Papier
-Crayon
- Fixez votre objectif pour la furtivité

La première étape consistera à décider quelle sera l'intention de votre pouvoir discrétionnaire. C'est l'étape la plus importante. Son intention devrait être très claire. Vous transformerez ce concept en phrase, assurez-vous d'être précis avec ce que vous écrivez. La phrase doit être courte et écrite au présent, c'est-à-dire penser comme si vous aviez déjà ce que vous voulez.

Par exemple, « J'ai trouvé l'amour de ma vie » au lieu de « J'aurai l'amour de ma vie ».

L'écriture peut faire toute la différence. -J'ai l'homme de mes rêves- donnera des résultats différents de ceux de -Je suis l'épouse de Juan Carlos. Ni l'un ni l'autre n'est meilleur ou pire que l'autre, mais assurez-vous d'écrire mot pour mot ce que vous essayez de retirer de cette phrase.

Évitez les mots négatifs comme « Je n'ai pas -, -Je n'aurai pas -, - Je ne serai pas », etc.

- Ne pas fumer - peut très facilement conduire au résultat -Fumée- à la place. Pour éviter cela, pensez toujours positivement. Pour le définir positivement, vous pouvez écrire : -J'ai facilement abandonné mes vices-

Exemple :

Par exemple, nous utiliserons la phrase -J'AI TROUVÉ L'AMOUR DE MA VIE-.

Écrivez votre souhait en majuscules. Supprimez les lettres répétées afin que chaque lettre n'apparaisse qu'une seule fois. (C'est un symbole que vous pouvez utiliser chaque fois que vous êtes triste, parce que l'amour n'entre pas dans votre vie.)

Ces lettres seront les symboles de base de votre discrétion.

ENCO~~N~~-TR~~EE~~-LAM OU D~~EM~~ I V~~IDA~~

ENCOTRLAMDIV- La discrétion sera tracée avec ces lettres.

Maintenant, commencez à assembler les cartes. Au début, vous avez probablement l'air étrange et ne ressemblez pas à un symbole, continuez à déplacer les lettres.

Cette partie demande de la patience, la clé est de jouer beaucoup avec eux. Si vous n'aimez pas l'apparence d'une certaine lettre, vous pouvez la diviser en parties. Par exemple, un B deviendrait une ligne et deux demi-cercles qui peuvent être utilisés séparément dans l'expérience.

Le plus important n'est pas son apparence, mais que vous l'aimiez. Peu importe si cela ressemble juste à un tas de lettres ou si elles ne ressemblent pas au texte original. Si vous êtes satisfait du résultat, alors c'est bien.

Une fois que vous avez arrangé toutes les lettres, prenez votre temps pour les façonner et leur donner une symétrie. L'important est qu'en fin de compte, la discrétion soit aussi simple que possible.

La qualité artistique n'est pas importante, mais pour des raisons évidentes, cela ne vaut pas la peine de la dessiner sans signification. Le résultat final doit être tracé sur une feuille de papier. L'idée est que la discrétion et sa signification seront transplantées dans votre subconscient, puis vous l'oublierez afin que votre conscience ne bloque pas le processus d'activation de l'inconscient.

La discrétion doit être créée par vous. Les sceaux que nous créons peuvent sembler un peu étranges, mais tout est très utile, car le subconscient les considérera comme quelque chose d'inhabituel et les analysera ensuite alternativement pour une image normale.

Ce qui est hypothétiquement significatif, c'est que toutes les lettres sont discrétionnaires. N'oubliez pas que la même ligne peut être utilisée pour dessiner différentes lettres. Le temps qu'il faille pour que la discrétion se manifeste est imprévisible. Parfois, le succès est immédiat et parfois cela peut prendre plus de temps.

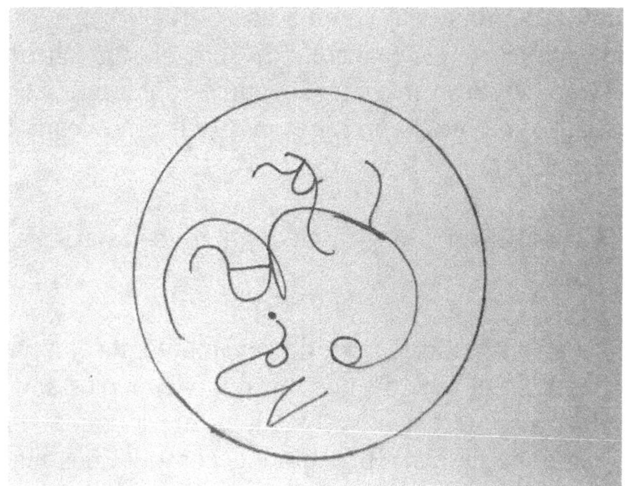

Exemple furtif « J'ai trouvé l'amour de ma vie ».

Activez votre furtivité

Lorsque vous dégainez votre furtivité, vous devez l'activer. Vous devez le faire discrètement chaque fois que vous le dessinez à nouveau, même s'il s'agit du même symbole avec la même intention.

La méthode d'activation est simple, bien qu'elle nécessite de la pratique. C'est votre discrétion, laissez vos yeux s'habituer au symbole et méditez sur la phrase de votre discrétion. Au fur et à mesure que vos yeux deviendront plus détendus, ils commenceront à déformer la discrétion, vous la verrez comme si elle était défigurante.

Lorsque vous le revoyez dans sa forme originale et qu'il ne bouge pas, il sera déjà activé. Vous pouvez également le placer dans un endroit comme votre autel avec un quartz de prospérité comme une citrine, une pyrite ou une malachite. (Il y a beaucoup de gens qui ont l'habitude de les transporter avec d'autres sources d'énergie, comme enterrer le symbole, le brûler et libérer les morceaux dans le vent, par la magie sexuelle, etc.)

Une fois que la furtivité a atteint son but, elle doit être brûlée.

Parfois, je brûlais le mien avant que ma commande ne soit finalisée, avec l'intention d'envoyer mes souhaits dans l'univers. Je visualise, pendant que le papier brûle, toute l'énergie de discrétion qui s'accomplit dans ma vie, j'imagine les résultats et je vois mon symbole libéré pour agir sans fin.

Amulettes et talismans

Généralement, les gens ne savent pas distinguer les talismans et les amulettes, mais il existe une différence fondamentale entre eux. Il y a des amulettes pour attirer la chance et des talismans pour bloquer les mauvaises énergies.

Une amulette est tout ce à qui on attribue le pouvoir de se débarrasser des mauvaises énergies, d'attirer l'amour, la santé ou la chance. Il est probable que ce qui sert d'amulette à un individu ne puisse pas remplir la même fonction pour un autre. Cela ne fonctionne que pour ceux qui y croient. L'amulette peut être préparée seule ou par quelqu'un d'autre.

Un talisman a un pouvoir énergétique unique. Il est lié aux archétypes et au subconscient collectif de l'univers. Il peut également avoir une concentration d'énergie spirituelle, alchimique, astrologique ou planétaire. Il n'a pas besoin d'être préparé par qui que ce soit parce qu'il existe déjà. Ses pouvoirs occultes sont garantis parce qu'il est utilisé depuis des millénaires.

Les talismans et les amulettes ont toujours été présents dans l'occultisme et la magie. Pendant des milliers d'années, toutes les cultures du monde les ont utilisés et popularisés. Ses origines remontent à l'époque des grottes, où vous pouvez voir des symboles, qui étaient dédiés à canaliser les énergies positives. Toutes les cultures ont conçu leur propre symbolisme et franchi les frontières du temps.

Un talisman est un objet consacré avec des symboles et à travers un rituel. Il est préparé dans un but spécifique, pour attirer des énergies positives ou pour atteindre un certain objectif. Une amulette n'est pas différente, mais elle est également utilisée pour se protéger contre les malédictions, les maladies ou la sorcellerie.

Consécration de son amulette ou talisman

Il est très important de consacrer notre amulette ou talisman pour que cela fonctionne. Ils doivent être transportés avec les cinq éléments, à savoir le feu, la terre, l'air, l'eau et l'éther (esprit).

- **Feu** : vous devez passer votre talisman ou amulette sur la flamme d'une bougie, si elle a une forme pyramidale, elle est beaucoup plus puissante. Lorsque vous le tenez pendant plusieurs minutes au-dessus de ce feu, vous devez répéter à haute voix : « Ego facio in elementis ignis Sicut salamandrae draconem elementi activa viribus curandi potestas et igni. »

- **Terre** : Vous devez enterrer votre amulette ou votre talisman pendant au moins 12 heures sur terre ou sur du sel marin. Lorsque vous l'enterrez, vous devez répéter à haute voix : « Im' particularum vires terræ loading, Per virtutem enim huius terrae magicae gnomes phylacterium fortior sit. »

- **Air** : vous devez passer à votre talisman ou amulette la fumée d'un palo saint ou sage. Tout en préparant cet encens, vous devez répéter à haute voix « Im' carbonring caeli elementaribus aquis, sylphs sapis atque purissimum elementaris Deneme equitibus ».

- **Eau** : Vous devez placer votre talisman ou amulette dans un récipient d'eau sacrée, de pluie ou de mer, si le matériel le permet. Sinon, mettez le récipient sur ou à côté et laissez-le comme ceci pendant 24 heures. Pendant que vous le descendez, répétez à haute voix « Adiuro vos per virtutem aquaeelementaris materia s doque Tellurem cogitationes hominum sensusque malo colligit. Humilitatem meam super Devas mandat. »

- **Éther** : Vous devez tenir le talisman ou l'amulette dans vos mains et fermer les yeux répéter à haute voix : « Ego ferre elementum phasmatis Industria, Et impletum est omne desiderium meum numina mala bullas signati ».

De cette façon, vous avez consacré votre amulette ou votre talisman.

Nettoyez et chargez vos amulettes ou talismans

Leurs amulettes et talismans se contaminent avec le temps et collectent des énergies négatives. Ses humeurs la polluent aussi. C'est pourquoi il est conseillé de les nettoyer et de les remplir.

Il existe plusieurs méthodes, et toutes sont simples :

Améthyste : Vous devez placer le talisman ou l'amulette sur ou à l'intérieur d'une boîte en bois avec de l'améthyste, il collectera toutes les énergies négatives qu'il a imprégnées.

Lumière du soleil : laissez-les exposés au soleil pendant 24 heures. Ces rayons du soleil sont comme une gomme magique.

Moonshine : Vous devriez mettre votre amulette ou votre talisman sous la lumière de la pleine lune, si vous pouvez les enterrer c'est beaucoup mieux.

Fumer : Passez à votre amulette ou talisman la fumée d'un Palo saint ou sage.

Sel de mer : Placez votre amulette ou votre talisman dans un récipient et couvrez-le de sel de mer pendant au moins douze heures.

Amulettes d'attraction santé pour chaque signe du zodiaque

Dans les temps anciens, tous les talismans étaient liés aux douze signes du zodiaque ou aux sept planètes connues.

Bélier : premier pentacle de Mars

Taureau : Deuxième Pentacle de Vénus

Gémeaux : cinquième pentacle de mercure

Cancer : quatrième pentacle de la Lune

Lion : septième pentacle du soleil

Vierge : deuxième pentacle de Mercure

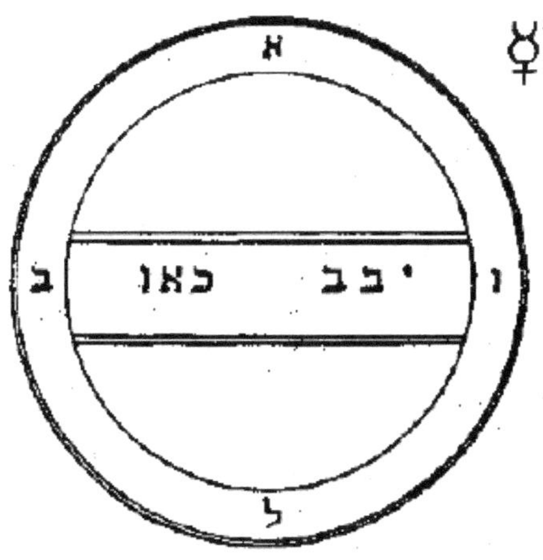

Balance : quatrième pentacle de Vénus

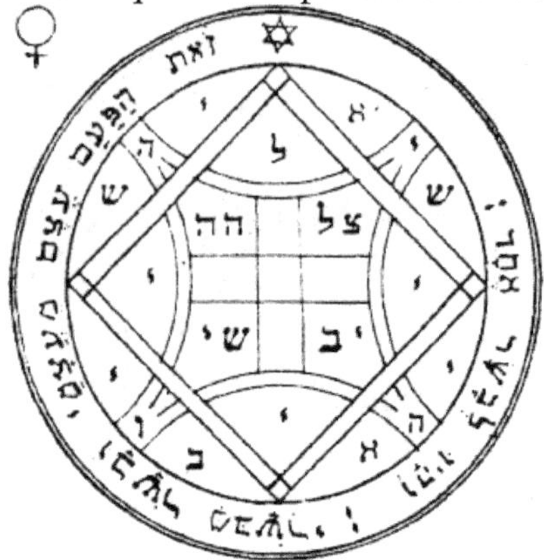

Scorpion : cinquième pentacle de Mars

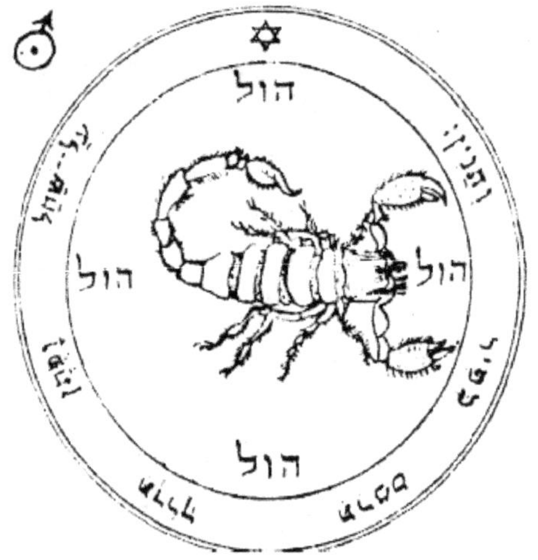

Sagittaire : quatrième pentacle de Jupiter

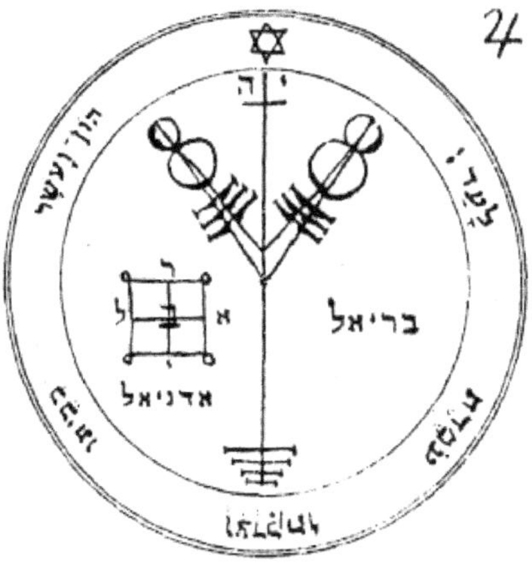

Capricorne : le troisième pentacle de Saturne

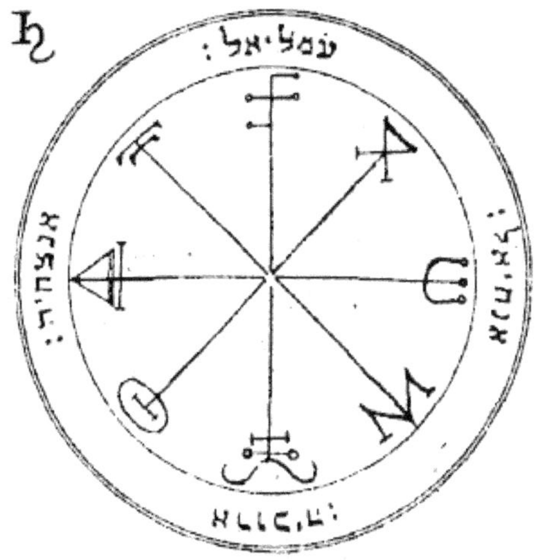

Verseau : le septième pentacle de Saturne

Poissons : Deuxième Pentacle de Jupiter

Feng Shui et santé.

Selon les enseignements des maîtres chinois qui appliquaient cette technique et connaissaient tous ses secrets, une maison est le lieu qui doit être équilibré énergétiquement pour que ses habitants jouissent d'une bonne santé, d'une paix intérieure, du bonheur et de la prospérité. Tout cela est réalisé lorsque nous vivons dans une maison ou travaillons dans un lieu dont les caractéristiques sont conformes aux principes proposés par cet art ancien. La traduction littérale du terme Feng Shui est Eau-Vent, mais cela signifie plus que cela. Les Chinois disent que cet art est comme le vent, qui ne peut pas être compris, et comme l'eau, qui ne peut pas être soutenue.

Le Feng Shui offre de nombreux remèdes pour atténuer et changer les aspects défavorables qui peuvent affecter votre vie. La santé est l'un des domaines que vous pouvez améliorer avec certains remèdes Feng Shui.

Adresse pour un sommeil sain

L'une des façons de vous assurer que votre santé est protégée est de profiter de la direction chanceuse de votre santé et de l'utiliser pour décider où dormir. Chaque direction de la boussole ou du point cardinal a un certain idéal de chance. Vous pouvez utiliser la formule kua des huit demeures pour déterminer la direction de votre fortune en santé personnelle. Pour y remédier, vous devez connaître votre numéro kua personnel. Ce numéro révélera vos adresses de bonne et de mauvaise chance. Nous utiliserons la formule kua pour calculer ce nombre et elle révélera à quel groupe vous correspondez.

Comment ajouter votre numéro Kua

Le nombre Kua est vital dans le Feng Shui pour déterminer les directions favorables et négatives. La formule, appelée formule huit tâches Kua, est simple à suivre. Il se compose de deux étapes, la première consiste à utiliser les deux derniers chiffres de votre année de naissance et la deuxième phase est basée sur votre sexe. Par conséquent, pour calculer le nombre de kua de toute personne selon le Feng Shui, vous aurez besoin des informations suivantes : L'année de naissance de la personne et le sexe.

Étape 1 : Ajoutez les deux derniers chiffres de votre année de naissance.
Exemple :
$1965 = 6 + 5 = 11 (1+1 = 2)$
Certaines dates peuvent vous donner une réponse à deux chiffres. Dans de tels cas, il suffit de les ajouter à nouveau jusqu'à ce qu'il ne reste qu'un seul chiffre.

Étape 2 : Ajouter ou soustraire par sexe
Dans cette étape, vous ajoutez ou soustrayez des nombres du résultat de **l'étape 1** par sexe. Ces chiffres varient selon que vous êtes né avant ou après 2000.

Calcul du nombre Kua pour les femmes nées avant 2000.

Si vous êtes une **femme née avant l'an 2000**, vous devez **ajouter 5** au résultat à un chiffre. Cela vous donnera votre numéro Kua.

L'exemple de l'année de naissance féminine 1965 ajoutant 2 à l'étape 1 ressemblerait à ceci à la deuxième étape :

2+ 5 = 7 **Nombre Kua**

Pour les résultats à deux chiffres, vous devrez les ajouter à nouveau pour atteindre le nombre approprié.

Calculateur de nombre Kua pour les femmes nées après 2000

Si vous êtes **une femme née après 2000, ajoutez 6** à votre résultat annuel.

L'exemple d'une année de naissance féminine en 2003, en plus de 3, le résultat de la première étape serait :

3+ 6 = 9 **Nombre Kua**

(Gardez à l'esprit que si le résultat est à deux chiffres, vous les rajouterez pour atteindre un seul chiffre.)

Calculateur de nombre Kua pour les hommes nés avant 2000

Si vous étiez un **homme né avant l'an 2000**, vous devriez **soustraire** le résultat du chiffre unique de l'année **10**. Cela vous donnera votre numéro Kua.

Voici un exemple d'année de naissance masculine 1991 ajoutée à 1 :

10 - 1= 9 **Nombre de Kua**

Pour un homme né en 1995 qui a été réduit à 5 ans, cela ressemble à ceci :

10 - 5= 5 **Nombre de Kua**

Calculateur de nombre Kua pour les hommes nés en 2000 et plus

Si vous étiez un homme **né après l'an 2000**, vous devriez soustraire le résultat de l'année d'un chiffre à **9**. Cela vous donnera votre numéro Kua.

Exemple : Si vous êtes né en 2001, votre résultat à un chiffre est 1 :

9 - 1 = 8 (nombre Kua)

Une fois que vous avez calculé votre nombre de Kua, il est facile de déterminer les meilleures directions pour tous les domaines de votre vie, de l'amour, de la santé, de la prospérité, etc. Quatre des huit logements (huit directions de boussole) seront des directions favorables et quatre seront des directions défavorables.

Groupe Est ou Ouest pour la chance

Si vous voulez déterminer la meilleure direction pour dormir et améliorer votre santé, lorsque vous connaissez cette direction, vous devriez vous allonger dans votre lit avec votre tête pointée dans cette direction. Par exemple, si votre direction de santé est au sud, vous dormirez avec la tête orientée vers le sud et les pieds vers le nord.

Il peut y avoir des cas où il n'est pas possible de déplacer le lit pour dormir à cet égard. Si cela se produit, vous pouvez toujours aller au lit pour dormir la tête tournée dans cette direction, cela peut vous obliger à dormir avec votre tête au pied du lit.

Groupe Est

Les numéros kua du groupe oriental et leurs adresses de santé établies sont :

1 : Est

3 : Nord

4 : Sud

9 : Sud-Est

Groupe Ouest

Les numéros kua du groupe occidental et leurs adresses de santé sont :

5 : Hommes : Ouest

5 : Femmes : Nord-Ouest

2 : Ouest

6 : Nord-Est

7 : Sud-ou Est

8 : Nord-ou Est

Si vous avez des problèmes de santé, en plus de dormir avec la tête pointée dans cette direction, vous pouvez également vous asseoir devant votre direction de santé chaque fois que vous pouvez vous détendre ou regarder la télévision, manger ou travailler.

Les autres aspects à prendre en compte sont les suivants :

Ne dormez jamais avec un miroir devant le lit. Un miroir dans la pièce est l'une des caractéristiques les plus nocives du feng shui car il crée des problèmes cardiaques. Les miroirs au-dessus du lit sont tout aussi nocifs.

Un téléviseur compte comme un miroir car il reflète également, si vous voulez avoir un téléviseur ou un miroir dans la pièce, couvrez-le lorsque vous ne l'utilisez pas.

Ne dormez jamais avec une fontaine d'eau derrière le lit. Une peinture d'un lac ou d'un aquarium a le même effet sur le cœur d'un miroir.

Ne dormez jamais avec le bord tranchant d'un coin pointant vers vous. Le bord pointu d'un coin est une forme mortelle de flèche empoisonnée qui porte le « souffle qui tue ». Utilisez des meubles pour masquer le bord pointu.

Ne dormez jamais sous une poutre exposée au-dessus de votre tête. Si le faisceau était directement au-dessus de votre tête, vous pourriez avoir des migraines et des maux de tête. S'il traverse au niveau de la poitrine, vous pouvez avoir des problèmes cardiaques, pulmonaires et respiratoires. Les poutres ne sont bonnes dans aucune pièce.

La cuisine est également importante pour la pratique du feng shui pour la santé. Si votre cuisine fait face à un salon, par exemple, les énergies yin de votre maison (salon) et du yang (cuisine) peuvent entrer en collision et entraîner une maladie continue pour les membres de la famille. La porte de la cuisine ne doit pas être en ligne droite par rapport à la porte avant ou arrière ; Une bonne énergie traverse la maison sans se disperser, provoquant des maladies gênantes. Organisez cette distribution en accrochant un miroir à l'une des portes extérieures afin que l'énergie positive ne sorte pas si rapidement.

Codes de guérison sacrés

Délivré par le maître José Gabriel Uribe Agesta, à travers lui différents êtres de Lumière et Êtres Cosmiques délivrent des codes à distribuer gratuitement et à aider l'humanité.

Pour activer les codes, ils doivent être répétés 45 fois à chaque fois, car il s'agit d'un numéro de manifestation. Ils doivent être utilisés avec conscience, foi et cœur. Ils peuvent être dits comme une seule valeur (par exemple, 11145 – un dixième accent quarante-cinq), ou un à la fois (un, un, un, quatre, cinq) ; Ou deux par deux, il n'y a pas de règles pour cela. Ils peuvent être répétés plusieurs fois par jour, il n'y a pas de règles. Les codes sacrés de guérison et le nombre de jours qui doivent être faits dépendent du besoin particulier, généralement, ils sont élaborés jusqu'à ce que ce que nous demandons se manifeste.

Il y a d'autres codes sacrés, comme ceux de la connexion avec la terre ou avec les anges, qui peuvent toujours être faits. Tous les codes peuvent être créés n'importe quand, n'importe où.

Codes de santé

128 Guérison (accélération des processus à tous les niveaux).

33351 Guérir (restaurer et protéger. Codex Maître Ascensionné Kwan Yin, en cas de dommage).

110834 Guérison à distance.

111500 À guérir

83 73 879 Affections rhumatismales.

13 14 335 Allergies en général.

25 49 563 Alzheimerisé dementia (peut être utilisé en combinaison avec 29 56 932).

87 68 433 Soulagement des démangeaisons.

11 11 171 Anémie et pour un sang sain.

33 49 586 Anxiété, due à la séparation de la mère et de l'enfant.

26 51 329 Arthrite – Maladie articulaire dégénérative (BDCP).

34 41 323 Arthrite et arthrose.

89 87 438 Hernie discale intervertébrale.

20 06 391 Rhumatisme psoriasique.

21 22 413 Asthme.

42 58 725 Attaques de peur.

72 84 555 Attaques de panique.

66 82 121 Attaques de rage.

11 47 382 Carcinome à cellules de Merkel.

33 59 674 Cardiomyopathie hypertrophique.

77 78 177 Cataractes de l'œil.

44 56 789 Cicatrisation des plaies ouvertes.

33 78 133 Cicatrices de blessures graves à l'abdomen.

22 35 297 Cirrhose du foie.

25 26 332 Cystite interstitielle.

44 37 224 Conjonctivite.

25 35 896 Constipation, qui est chronique.

45 55 899 Constipation.

86 42 789 Enfants présentant des troubles du comportement.

44 57 678 Guérison des fractures ouvertes lorsque la chirurgie n'est pas disponible.

25 39 963 Cancer du côlon.

72 48 496 Cancer du foie, primitif – Carcinome hépatocellulaire.

79 37 854 Cancer du sein.

56 93 787 Cancer de l'ovaire métastatique.

25 38 576 Cancer de l'ovaire.

64 47 196 Cancer du pancréas.

92 96 144 Cancer du col de l'utérus.

78 22 938 Cancer du rein.

25 36 983 Cancer du rectum.

29 35 531 Utérus – cancer de l'endomètre.

33 45 634 Dommages cellulaires de toute nature.

29 56 932 Démence.

29 63 586 Dépression chez les enfants et les adultes.

87 65 423 Ignorance respiratoire.

44 34 131 Bilan du diabète et de l'insuline.

87 45 675 Diarrhée très sévère.

45 45 899 Diarrhée.

29 58 321 Dysplasie congénitale de la hanche.

27 38 963 Bronchopneumopathie chronique obstructive (BPCO).

31 27 459 Mal d'altitude.

31 27 459 Mal d'altitude.

25 36 397 La maladie alcoolique et son abus.

20 53 961 Pneumopathie interstitielle.

84 93 456 Maladie rénale chronique.

93 65 897 Rein polykystique.

23 31 443 Douleur chronique en général.

35 41 553 Maux de dents.

13 45 899 Douleurs à l'estomac.

71 81 533 Maux de dos en général.

25 36 897 Douleur au site de la chirurgie.

23 74 555 Maux de tête en général.

88 45 363 Douleurs musculaires, surtout après l'exercice.

81 741 Eczéma en général.

83 41 783 Mal des transports.

78 43 149 distorsions.

78 43 149 Sphinx.

58 33 554 Maux de tête.

95 96 562 Migraine.

86 66 431 Flatulences.

77 78 176 Glaucome, haute pression à l'intérieur de l'œil.

95 66 331 Granulomatose de Wegener.

78 83 434 Hémorroïdes.

22 35 966 Hépatite C.

87 47 988 Hépatite d'origine virale et autres raisons.

25 37 353 Hypertrophie bénigne de la prostate.

38 37 684 Gonflement.

98 88 119 Infarctus du myocarde, comme traitement de première intention sur le chemin de l'hôpital.

35 47 375 Infection urinaire (IVU)

23 42 197 Infection fongique.

87 33 478 Inflammation de la vessie

56 23 899 Inflammation de l'oreille moyenne.

88 81 643 Inflammation des poumons.

43 14 223 Inflammation générale.

33 14 993 Coup de chaleur.

42 37 346 Irritation oculaire, en particulier celle associée aux maux de tête.

88 21 233 lésions du virus de l'herpès.

40 69 997 Lymphome.

71 91 334 Lombalgie.

29 37 853 Amélioration de la vision.

25 37 536 Souvenirs douloureux du passé, conscients et subconscients (SSPT).

51 61 987 Myélome multiple.

99 65 491 Basse vision et cécité de toute cause.

83 33 889 Nausées.

86 47 891 Os mal cicatrisés.

45 39 373 La pancréatite et ses conséquences.

45 88 623 Pour la concentration.

45 32 246 Pour la confiance.

35 42 888 Par volonté.

11 84 744 Pour la régulation de la pression artérielle, il sera également utilisé pour les hautes ou basses pressions.

86 866 Pour la régulation de la glande thyroïde.

20 02 936 Pour ceux qui suivent un traitement rénal.

25 56 551 Réduire les séquelles de l'apnée obstructive du sommeil.

42 53 899 Pour l'équilibre d'un côlon irritable.

25 59 963 Pour les fistules entériques de l'intestin, de la vessie, du vagin, du rectum, des autres intestins et de la peau.

76 42 688 Pour l'amélioration de la fonction rénale.

18 19 811 Pour les premiers secours en cas de coup de chaleur.

35 87 225 Pour perte d'appétit.

31 22 778 Pour perdre du poids.

25 33 577 Le moment où vous vous frappez, traumatisme léger.

33 37 899 Pour l'élimination des parasites, des vers.

25 67 993 Avoir une perspective plus positive.

22 55 732 Pour le sein.

11 32 899 Pour les symptômes avec menstruations, ballonnements, douleurs.

11 12 121 Pour une bonne naissance.

68 43 833 Calculs rénaux.

76 33 121 Pensées gênantes.

22 33 311 Piqûres d'insectes.

63 34 831 Pyélite, inflammation du bassinet du rein.

25 37 661 pour le SARM (Staphylococcus aureus résistant à la méticilline).

78 89 535 Premiers secours en cas d'accident vasculaire cérébral sur le chemin du traitement à l'hôpital.

87 47 838 Problèmes du nerf sciatique.

88 33 421 Problèmes auditifs et surdité.

78 78 833 Prolapsus du disque intervertébral.

31 31 798 Préménopause, péri ménopause, ménopause et problèmes.

33 14 871 Psoriasis.

19 19 311 Brûlures, y compris les coups de soleil.

54 32 175 Récupération de l'AVC.

38 89 332 Réduction de la fièvre.

27 55 362 Reflux gastrique.

44 70 831 Fortifier l'Esprit, enthousiasme pour la vie.

38 41 41 Enlèvement de la verrue.

25 39 579 Trouble bipolaire, manie.

25 36 933 Trouble d'anxiété généralisée (TAG).
78 19 335 Troubles de l'alimentation.
23 31 878 Varicelle.
84 72 723 Vice (tabac).
84 72 723 Vices.
88 21 233 Virus de l'herpès.
25 33 698 Victimes de violence domestique.
34 56 879 Buzz.
44 34 135 Ulcère diabétique / Infection du pied.

Place Sator

Une amulette contre la malchance qui peut nous protéger de tout mal et nous aider à la santé.

Une amulette contre tout mal est certainement quelque chose dont on rêve. Qu'il protège notre maison, notre famille, rejette les malédictions, nous sauve de l'envie et du mal.

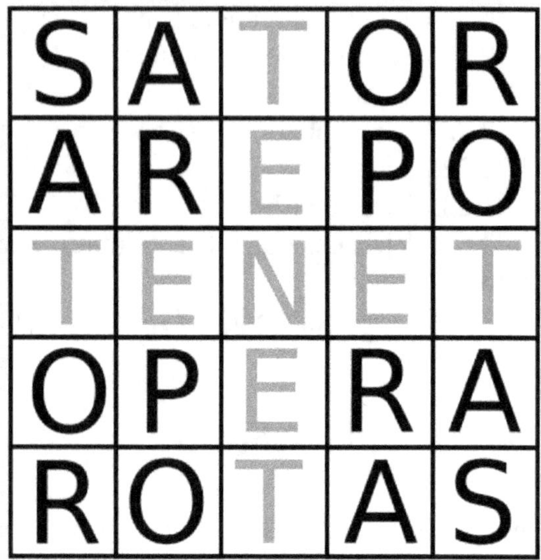

Voyons donc comment nous pouvons transformer le carré de Sator en une amulette contre le mal, qui nous donne protection et bonne santé à travers un rituel simple.

Éléments requis :
- 1 feuille blanche.
- 1 stylo à l'encre rouge
- Huile essentielle de romarin

Tracez votre cercle sacré en traçant simplement avec votre index ou votre baguette magique un cercle complet autour de vous dans le sens des aiguilles d'une montre, pour commencer le rituel dans un environnement protégé.

Sur le papier, écrivez les mots suivants, dans cet ordre :

SATOR
AREPO
TENET
OPERA
ROTAS

Vous pouvez vous aider si vous voulez en faisant un carré, mais ce n'est pas nécessaire. Une fois les mots écrits, étalez le contour du papier avec de l'huile essentielle de romarin. Lorsque vous avez terminé, fermez ou cassez le cercle, cette fois en traçant avec votre doigt ou votre baguette magique un cercle complet dans le sens inverse des aiguilles d'une montre autour de vous. Accrochez le carré SATOR au-dessus de la porte d'entrée, comme une amulette contre le mal et pour la chance. Si vous voulez une protection supplémentaire, créez-en plusieurs et accrochez-les au-dessus de toutes les portes et fenêtres de votre maison. C'est en fait assez facile à faire, avec une longue tradition magique de protection et de chance. Si vous cherchez une amulette contre les choses négatives, les problèmes de santé et qui vous portera chance, le carré de Sator pourrait être la solution que vous cherchiez.

Rituel pour activer une pétition avec Sator Square

Ce rituel peut être effectué pour accélérer toute demande que nous avons pour la santé, l'économie ou l'amour.

Éléments requis :
- Le carré magique de SAUVEUR
– 3 Ail avec pelure
– 1 verre d'eau

Comme toujours, lorsque vous pratiquez la magie, vous devez créer le cercle ou la matrice de protection autour de vous et n'oubliez pas de le fermer à la fin du rituel.

Tournez le **SATOR SQUARE,** écrivez votre nom et la demande spécifique que vous souhaitez accélérer, si elle doit être saine (mettez également le nom de la personne). Ensuite, tournez l'image et mettez le verre avec de l'eau sur le dessus. Mettez les 3 ails dans votre main gauche, qui est la plus réceptive, et sur elle la main droite, et faites votre prière préférée ou la plus significative pour vous, vous pouvez également les porter avec les symboles du Reiki, avec cela, nous parvenons à charger l'ail pour accélérer la commande, une fois cela fait, vous les mettez dans le verre avec de l'eau.

Si l'ail flotte, c'est un bon signe que l'ail est en bonne santé, si certains ou tous coulent, cela signifie que l'ail n'est pas bon et devrait être remplacé par un autre.

Mettez vos mains autour de la vitre et dites ce qui suit :

LE SEMEUR GARDE HABILEMENT LES ROUES, LE SEMEUR COLLECTE SOIGNEUSEMENT LA CHARRUE, LE SEMEUR DIRIGE HABILEMENT LA ROUE.

Merci, guides spirituels qui êtes avec moi.

La tasse avec l'ail que vous laissez reposer, l'idée est que vous observiez le temps qu'il faut pour germer, cela vous indiquera le moment où votre commande deviendra effective, tous les trois doivent germer. Si cela se produit dans trois jours, c'est un signe que votre commande sera donnée très rapidement ; Si, par contre, une semaine s'écoule et qu'il ne germe pas, c'est un signe que quelque chose ne va pas avec votre commande et que vous devez répéter le processus avec de l'ail neuf. Dans ce cas, jetez l'eau et l'ail et répétez le sort. Une fois germé, vous devriez le transplanter dans un pot avec un sol fertile. Ce rituel est fortement recommandé lorsque vous êtes en détresse et que vous avez besoin d'ouvrir les chemins d'une manière ou d'une autre.

La boîte de santé

Vous pouvez facilement créer une boîte pour stocker les commandes, les demandes et les souhaits. Cette technique vous permet d'avoir une boîte où vous pouvez placer des photographies, des demandes écrites sur papier, des cristaux de quartz, des données de personnes (noms et prénoms, adresses, dates de naissance, etc.), à qui vous souhaitez donner du Reiki pour votre guérison, votre santé, votre bien-être, de manière continue et soutenue et autonome.

Matériaux :

    – Boîte de taille moyenne (la taille n'a pas d'importance, mais limitera ce qui peut être placé à l'intérieur). Il est recommandé d'adapter, par exemple, une photo normale. Il devrait être fait de bois avec le moins de métal possible. Il peut être fait de carton, mais durable.

    – Deux morceaux de papier ou de carton de taille égale au sol et au plafond de la boîte. Ces cartes seront collées à l'intérieur de la boîte, sur le sol et sur la couverture arrière, de sorte qu'elles s'opposent lorsque la boîte est fermée – une en bas et une en haut.

    – Crayons graphite, Pâte

    - (PT) De nombreuses pages pour la rédaction de pétitions.

Instructions de production : voici les directives de base, guidées par votre intuition si vous voulez changer quelque chose.

    – Sur les deux morceaux de papier ou de carton dessinés au crayon graphite, les symboles Reiki niveau II (CKR, HSZSN, SHK, DKM) côte à côte ou en triangle, d'un côté et en essayant de couvrir autant que possible la surface du papier. Vous pouvez mettre des noms avec des dessins de symboles.

    – Collez une de ces feuilles au bas de la boîte, avec les symboles dessinés (à voir). Essayez de faire en sorte que le papier, avec les symboles dessinés, couvre tout l'arrière-plan.

– Collez l'autre carte sur la couverture arrière, avec les symboles que vous voyez, de sorte que lorsque la boîte est fermée, les deux jeux de symboles sont visibles. – Activer les symboles qui les symbolisent et donner le premier Reiki à la boîte.

Cho Ku King Hon Sha Ze Sho Nen

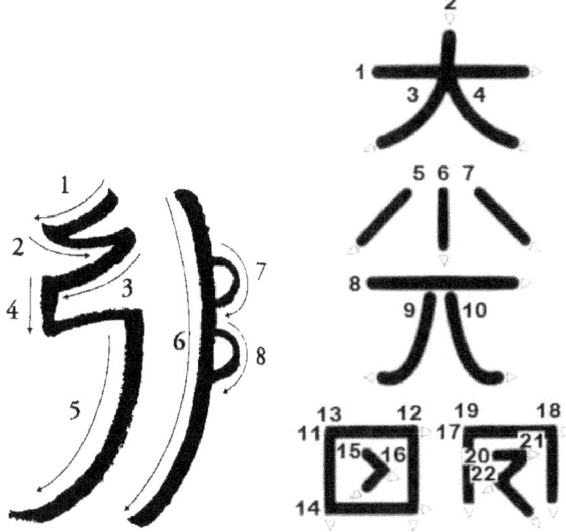

Sei Hei Ki Dai Ko Myo

Il n'y a pas de façon parfaite de dessiner des symboles, donc l'efficacité des symboles ne dépend pas de les dessiner parfaitement, il s'agit de la connexion qui est faite avec le symbole.

Les symboles peuvent être activés de plusieurs façons. Par exemple, ils peuvent être activés en les dessinant à la main, en les exhibant ou en vocalisant leur nom silencieusement ou à haute voix. L'important n'est pas la méthode que nous choisissons d'utiliser le Reiki, mais notre intention lorsque nous le canalisons et utilisons le Reiki. Pour certains, la simple pensée du symbole suffit à activer sa force et sa puissance.

Mode d'emploi :

– Vous devez donner le Reiki à la boîte, comme s'il s'agissait d'une personne, au moins dix minutes par jour (ou le temps que vous ressentez), en posant vos mains dessus et en le symbolisant.

– À l'intérieur de la boîte, vous mettrez des photos des personnes à qui vous souhaitez donner la guérison à distance, ou des documents avec des noms, des dates de naissance et des adresses ou toutes les données que vous avez sur les personnes, ou des cristaux de quartz que vous souhaitez garder chargés (qui sont peut-être bons à commander).

– Essayez d'avoir toutes les demandes écrites dans des documents individuels.

– (PT) Quand vous voulez, vous pouvez prendre n'importe quelle carte et la jeter.

- Vous pouvez entrer toutes les commandes qui tombent dans la boîte.

- Ne laissez personne voir la boîte à l'intérieur (en particulier les symboles).

– (IT) À tout moment, vous pouvez fixer la case comme vous le souhaitez, en modifiant les symboles, par exemple en répétant toute la procédure.

Lorsque vous vous souvenez ou voyez la boîte, si vous ne pouvez pas donner de Reiki pendant dix minutes, envoyez-la avec l'intention d'un symbole Reiki pour la porter et agir sur toutes les demandes qui sont à l'intérieur.

Filets de cristal

Les filets de cristal sont une pièce puissante pour manifester vos intentions. La puissance d'un réseau cristallin provient de l'union des énergies créées entre les pierres de guérison, la géométrie sacrée et leur intention.

La combinaison de la puissance des cristaux dans un motif géométrique renforce considérablement votre intention, axée sur la manifestation des résultats de manière beaucoup plus rapide. Quel que soit votre objectif, vous pouvez créer une puissante combinaison de cristaux dans un réseau pour attirer ou maintenir la santé dans votre vie.

Grille cristalline pour la santé

La première étape consiste à décider quel objectif vous voulez manifester. Vous écrirez sur un morceau de papier vos souhaits en référence à votre santé, toujours dans le présent, ils ne doivent pas contenir le mot **NON.**

Éléments nécessaires.
- 1 Grand quartz améthyste (foyer)
- 4 Larimar
- 4 Petite cornaline quartz
- 6 Quartz œil de tigre
- 4 Agrumes
- 1 Figure géométrique de la Fleur de Vie
- 1 pointe de quartz blanc active la grille

Fleur de vie.

Ces quartz doivent être nettoyés avant le rituel pour purifier vos pierres des énergies qu'elles ont pu absorber avant d'atteindre vos mains, le sel de mer est la meilleure option. Laissez-les avec du sel de mer pendant la nuit. En les enlevant, vous pouvez également allumer un bâton sacré et les fumer pour améliorer le processus de purification.

Les motifs géométriques nous aident à mieux visualiser comment les énergies se connectent entre les nœuds ; Les nœuds sont les points décisifs de la géométrie, ce sont les positions stratégiques où vous allez placer les cristaux, de sorte que leurs énergies interagissent les unes avec les autres en créant des courants d'énergie à des vibrations élevées, (comme s'il s'agissait d'un circuit) que nous pouvons dévier selon notre intention.

Vous chercherez un endroit calme, car lorsque nous travaillons avec des motifs cristallins, nous travaillons avec des énergies universelles. Vous prendrez les pierres une par une et les placerez dans votre main gauche, que vous aurez en forme de bol, le couvercle avec la droite et répéterez à haute voix les noms des symboles du Reiki : Cho Ku Rei, Sei He Ki, Hon Sha Ze Sho Nen et Dai Ko Mio, trois fois consécutives chacun. Vous le ferez pour donner de l'énergie à vos pierres. Vous pliez le papier et le placez au centre du filet. Mettez le gros quartz améthyste sur le dessus, cette pierre au centre est le foyer, les autres que vous mettez comme vous êtes dans l'exemple. Vous les connecterez avec la pointe de quartz, en commençant par la mise au point circulaire en faveur des aiguilles de la montre. Lorsque vous avez configuré la grille, laissez-la dans une zone où personne ne peut la toucher. Tous les quelques jours, vous devez le reconnecter, c'est-à-dire l'activer avec la pointe de quartz, en visualisant dans votre esprit ce que vous avez écrit sur papier.

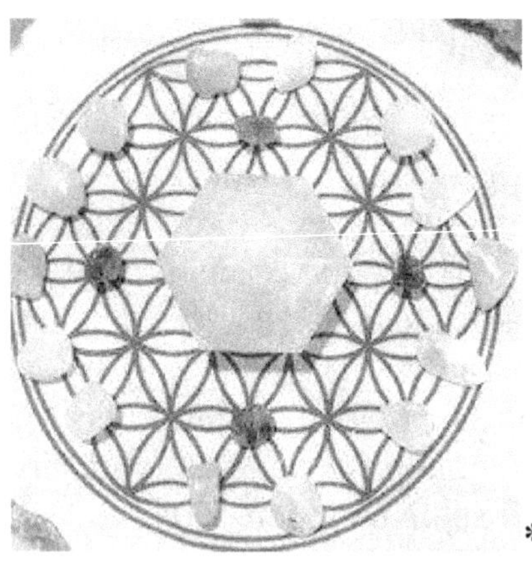

Exemple.

Qu'est-ce qu'un pendule ?

Nous ne devrions pas être sophistiqués dans la formulation de cette définition. Le pendule est un objet flexible constitué d'un fil, d'une chaîne, etc., au bout duquel est fixé un corps lourd (fil à plomb, pointe d'un clou, quartz, etc.). En d'autres termes, si vous enlevez la chaîne de votre cou, même si le pendentif est en cristal de roche, et que vous le prenez d'une extrémité et laissez le cristal suspendu, cela fonctionne comme un pendule.

Le terme pendule a son origine étymologique dans « pendule », un mot latin qui peut être traduit par « pendentif ». Sa description est la suivante : Un corps solide qui, à partir d'une position d'équilibre déterminée par un point fixe à partir duquel il est suspendu situer au-dessus de son centre de gravité, peut osciller librement, d'abord d'un côté puis de l'autre côté.

En bref, c'est un objet qui oscille, suspendu à un autre, à partir duquel nous comprenons que tout objet qui peut exercer la fonction de pendule sera valable pour cette pratique, bien qu'il soit vrai que tant sa forme que son influence matérielle, le plus important est la personne.

Le pendule est l'une des méthodes de détection de champ magnétique qui a évolué à partir de l'utilisation des branches de certains arbres pour trouver de l'eau souterraine et un sol fertile. En anglais, c'est ce qu'on appelle la « radiesthésie » et on les a vus dans des films de cow-boys à la recherche d'eau, d'or puis de pétrole.

En 1922, le médecin Albert Abrams publie l'un des premiers textes sur les pouvoirs du pendule dans la détection et le traitement de certaines maladies. Pendant la Seconde Guerre mondiale, il y avait des témoignages de son utilisation pour trouver de l'eau, des récoltes et empêcher l'approche des troupes ennemies.

Le pendule oscille parce que votre corps est doté de sens hypersensibles qui peuvent recevoir des informations du plan subtil. C'est lui qui les canalise dans son subconscient pour que, à son tour, il les transmette à son conscient par des réactions inconscientes imperceptibles des muscles, mises en évidence dans la façon dont il effectue ses vibrations. Ainsi, le mouvement du pendule dans vos mains n'est rien de plus que l'aspect visible de votre capacité psychique à capturer les vibrations pour les transformer en réactions musculaires.

Utilisations du pendule.

Plusieurs. Des choses si différentes de connaître le sexe d'un fœtus, au niveau de l'intelligence d'une personne. Prédire l'avenir. Trouver la solution à un problème, etc.

Le Pendulus nous permet d'effectuer des traitements à distance, avec un pourcentage d'efficacité très élevé. Cela nous donne l'occasion de tester si le patient souffre d'une Genopathie, d'une maladie chronique et de restaurer l'énergie de l'amour. Avec le pendule peut également être effectué des auto-traitements de guérison.

Pendulus utilise :

- Débloque, équilibre et améliore les 7 chakras.
- Reprogrammation cellulaire. Il élimine la mémoire cellulaire d'une maladie et retrouve la connaissance d'une santé parfaite.
- Traitement pour détecter et nettoyer la magie, les larves astrales et les malédictions.
- Étanchéité aurique. Il détecte et répare les fissures dans les différentes couches de l'aura.

- L'harmonisation des espaces est un autre avantage que nous pouvons avoir avec le pendule. Nous pouvons harmoniser et neutraliser les énergies et faire vibrer des énergies vibratoires élevées dans n'importe quel espace.

- Il peut être utilisé pour prendre des décisions et découvrir des aspects de la vie quotidienne.
- Pour exécuter une requête, devinez oui ou non.
- S'interroger sur la faisabilité d'un rituel.
- Pour obtenir des réponses et des conseils d'entités supérieures.
- Analyser l'état énergétique de certaines zones d'une personne.
- Busa le bon endroit pour effectuer un rituel.
- Pour savoir où se cache une source d'énergie négative que vous souhaitez neutraliser.
- Retrouver des objets perdus.
- Sélectionnez des fleurs de Bach ou des huiles essentielles.

- Il détecte les ondes cosmiques, telluriques, karmiques, électromagnétiques et humaines nocives.
- Localisez les animaux.
- Connaître le niveau et le type d'énergie dans notre maison.
- Trouver des personnes disparues.

- Déterminez quelle réincarnation du passé est importante, connaissez la date, le lieu, le sexe, le but de la vie pendant la réincarnation et même les raisons de la mort de cette vie antérieure.

Le pendule peut être utilisé en combinaison avec d'autres éléments, tels que le tarot pour la divination.

Voulez-vous savoir quelle couleur vous convient le mieux pour une situation donnée ? Le pendule peut vous aider à choisir la couleur qui vous convient le mieux.

Méthodes qui assurent le bon fonctionnement du pendule

Pour commencer une lecture avec le Pendule, vous avez besoin de :
- Pendule
- Un endroit calme
- Une table plate ou un lieu de travail
- Carte blanche ou tableaux avec informations. (Graphiques).
- Stylo ou crayon.

Le lieu et les matériaux.

Un endroit calme est indispensable pour consulter le pendule. De préférence, ce devrait être un endroit où vous vous sentez bien et pouvez-vous détendre ou méditer. Gardez votre esprit ouvert, la sensibilité, la paix intérieure et l'harmonie, la concentration et la relaxation profonde.

Pour les consultations, nous devrions avoir une surface plane. Une table est la plus courante. Asseyons-nous devant lui et accrochons le pendule sur lui ou sur les feuilles ou les objets que nous allons utiliser, mais tous sur cette surface plane.

Comportement dans les sessions.

Comme dans tout art divinatoire, vous devez rendre grâce avant et après chaque séance, selon vos croyances (vos anges gardiens, vos guides spirituels). Dans ce cas, il serait essentiel de leur demander de nous guider et de nous remercier. Chaque séance doit être menée avec tout le respect, car aussi sérieuse soit-elle, elle le mérite.

Il est conseillé de ne pas croiser les bras ou les jambes, car si vous le faites, les polarités gauche et droite sont mélangées et le flux d'énergie est perturbé.

N'oubliez pas que les bijoux, les boucles d'oreilles, les bracelets ou les montres à quartz peuvent perturber le champ magnétique.

Le pendule que vous utilisez dans votre session devrait être spécial pour vous. S'il ne l'est pas déjà, c'est à ce moment-là que vous commencez à rester en contact avec lui. Sa gestion est simple et simple, deux états sont reconnus : l'oscillation et l'immobilité. Ces deux faits opposés, la pause et le mouvement, vous diront beaucoup de choses lorsque vous apprendrez à utiliser le pendule.

Ne forcez jamais le pendule à se balancer consciemment avec votre main. De plus, vous ne devriez pas essayer de le déplacer mentalement (il est très probable que vous réussirez). Vous devez le prendre doucement et sans tension.

Un pendule a besoin de quelques précautions pour fonctionner. Vous devriez régulièrement laisser couler de l'eau froide sur le pendule afin qu'il soit périodiquement nettoyé d'un point de vue énergétique.

Ceci est très important car, au cours de son utilisation, il peut être chargé d'énergies négatives, avec le risque de limiter ses capacités pendulaires. Vous ne devez prêter votre pendule à personne, le pendule fonctionne mieux s'il est adapté à vos vibrations. Gardez votre pendule dans un endroit énergétiquement calme, par exemple, sur votre site de méditation, dans un cristal de quartz ou sous une pyramide bien construite et bien orientée.

Nous ne devrions pas utiliser le pendule si nous sommes fatigués, physiquement ou mentalement, s'il y a des tempêtes, de préférence pas sur des sols en vinyle et des tapis synthétiques. Vous ne devriez pas vous exposer en public ou faire des démonstrations aux sceptiques. Lorsque les médicaments sont ingérés, vous devriez attendre environ six heures pour l'utiliser.

Nettoyage du pendule

Les formes les plus courantes sont :

- Secouez-le en le tenant des deux mains, en enveloppant le pendule entre eux et en le soufflant.

-Il est fumé avec de l'encens ou Palo Santo.

Il est assis sous le jet d'eau pendant que vous imaginez comment toute l'énergie sombre sort.

-Laissez le soleil vous briller pendant quelques heures.

- Il est placé sur une carte d'Antahkarana.

- Après une séance de pendule, mettez-le au réfrigérateur pendant au moins 2-3 heures d'affilée.

- Prenez un petit récipient, remplissez-le de sel de mer, puis enterrez le pendule pendant au moins huit heures.

- Dans un pot, enterrez votre pendule pendant plusieurs heures ou, si vous le voulez du jour au lendemain, ce que fait la terre mère, c'est absorber toute cette mauvaise énergie contenue dans le pendule.

Vous pouvez également le mettre dans un bol avec du sel de mer, car il purifie, et le sel extraira toutes les énergies négatives qui y sont ancrées. Nous sommes partis toute la nuit chargés au clair de lune, et le lendemain au soleil.

Ceux en métal et en bois devront sécher parfaitement, sinon ils rouilleront où se gâteront.

Une fois nettoyé, nous l'aurons entre nos mains afin que l'énergie circule entre eux. Ce nettoyage est approprié à faire avant de lui donner la première utilisation, tout juste acquise, et aussi après l'avoir utilisé dans nos questions.

Comme tout objet pour lequel nous avons une certaine affection, nous devons le garder et le protéger des courants d'énergie.

Consécration du pendule.

La consécration donne plus de pouvoir au pendule, le rend plus affirmé, c'est-à-dire qu'il est moins susceptible de faire des erreurs ou de donner de mauvaises réponses et est protégé des énergies négatives qui peuvent l'influencer.

L'acte de consécration doit être libre de vibrations extérieures. C'est comme une alliance avec la personne qui l'utilisera, puisque la consécration est l'acte d'offrir à la personne qui l'utilise les pouvoirs de cet objet. Nos amulettes ou objets magiques doivent toujours être consacrés et le pendule ne fait pas exception.

Ils doivent être transportés avec les cinq éléments, à savoir le feu, la terre, l'air, l'eau et l'éther (esprit).

- **Feu** : vous devez faire glisser le pendule sur la flamme d'une bougie, s'il a une forme pyramidale, il est beaucoup plus puissant. Lorsque vous le tenez pendant plusieurs minutes au-dessus de ce feu, vous devez répéter à haute voix : « Ego facio in elementis ignis Sicut salamandrae draconem elementi activa viribus curandi potestas et igni. »

- **Terre** : Vous devez enterrer le pendule pendant au moins 12 heures sur terre ou sel marin. Lorsque vous l'enterrez, vous devez répéter à haute voix : « Im' particularum vires terræ loading, Per virtutem enim huius terrae magicae gnomes phylacterium fortior sit. »

- **Air** : Vous devez passer à votre pendule la fumée d'un pieu sacré ou d'un sage. Tout en préparant cet encens, vous devez répéter à haute voix : « Im' carbonring caeli elementaribus aquis, sapis sylphs atque purissimum elementaris Deneme equitibus »

- **Eau** : Vous devez placer le pendule à l'intérieur d'un récipient d'eau sacrée, de pluie ou de mer, si le matériel le permet. Sinon, mettez le récipient sur ou à côté et laissez-le comme ceci pendant 24 heures. Pendant que vous l'installez, répétez à haute voix « Adiuro vos per virtutem aquaeelementaris materia s doque Tellurem cogitationes hominum sensusque malo colligit. Humilitatem meam super Devas mandat. »

- **Éther** : Vous devez tenir le pendule dans vos mains et fermer les yeux répéter à haute voix : « Ego ferre elementum phasmatis industria, Et impletum est omne desiderium meum numina mala bullas signati ».

De cette façon, vous avez consacré votre pendule.

Programmation pendulaire.

Chacun est libre de décider avec quels mouvements de balancier il se sent le mieux.

Les mouvements du pendule peuvent être différents :
De gauche à droite ou de droite à gauche.

De haut en bas ou de bas en haut.
Dans le sens des aiguilles d'une montre.
Antihoraire.
Oblique droite.
Oblique à gauche.
Fixé en place avec vibration.

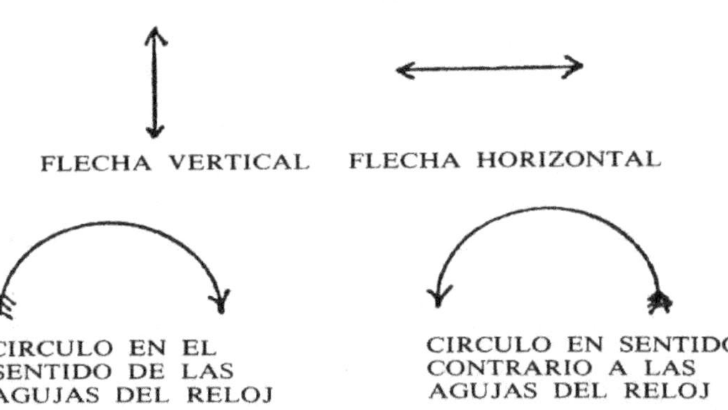

Programmation Oui ou Non.

Les réponses de mouvement d'un pendule peuvent varier en fonction de la personne qui l'utilise.

C'est la technique la plus simple du pendule. Toutes les autres méthodes sont des variantes. Il peut être utilisé pour presque tout. Il suffit de poser une question à laquelle on peut répondre par oui ou par non. Le plus courant est de demander votre nom. Tenez le pendule avec votre main droite sur la paume de votre main gauche.

Selon la réponse que je vous donne, identifiez-la avec l'un des mouvements des graphiques. Cela ne doit pas toujours être une réponse conventionnelle, peut-être que ce qui est un **OUI** pour moi, est un **NON** pour vous. Un SI peut appartenir à un mouvement vertical, bien que traditionnellement ce mouvement signifie NON. Il en va de même pour les mouvements circulaires dans le sens inverse des aiguilles d'une montre, ce qui signifie généralement non **pas,** mais peut-être que votre pendule choisit ce mouvement comme SI.

Lorsqu'un pendule ne connaît pas la réponse, il a tendance à rester immobile ou à se balancer doucement. (Cela peut également indiquer une panne de courant ou une déprogrammation.)

Pendules utilisés dans la guérison

Aventurine pendule
Il sert à purifier et à protéger le chakra du cœur. Il aide à libérer les problèmes émotionnels. Il attire l'abondance. Il facilite l'ouverture du cœur et de l'esprit à de nouvelles possibilités.

Pendule au sélénite.
Il purifie l'aura et augmente l'attraction des énergies de guérison.

Pendule de quartz blanc.
Il purifie les énergies mentales, spirituelles et émotionnelles. Il se distingue également par son rôle d'équilibreur de ceux-ci.

Pendule en quartz rose.

Il équilibre les émotions, transmet la paix et le calme.

Pendule d'onyx

Fait d'onyx, une pierre qui absorbe et modifie les énergies négatives. Elle favorise l'harmonisation. Diminue l'anxiété.

Pendule métallique.

Il est associé à l'élément feu et a un pouvoir énergisant et protecteur. Il attire la prospérité et la guérison.

Pendule et chakra

Face à une expérience désagréable, la plupart des gens réagissent en bloquant leurs sentiments et en arrêtant une grande partie du flux d'énergie naturelle.

Cela affecte le développement des chakras, conduisant à l'inhibition d'une fonction psychologique équilibrée. Quand une personne bloque toute expérience qu'elle a, elle bloque toujours ses chakras. Les chakras se ferment, se bouchent d'énergie stagnante, tournent irrégulièrement ou vers l'arrière (dans le sens inverse des aiguilles d'une montre) et même, en cas de maladie, sont gravement défigurés.

Il y a sept chakras principalement à prendre en compte : Ils sont situés dans la couronne, entre les sourcils, la gorge, la poitrine, le plexus solaire, le bas-ventre et la base de la colonne vertébrale. Les 7 chakras ont chacun les couleurs de l'arc-en-ciel, et avec une utilisation appropriée de ceux-ci, il est possible d'ouvrir un chakra.

Le premier chakra est rouge, situé à la base de la colonne vertébrale, et est lié à la reproduction, à la nutrition et aux besoins fondamentaux.

Le deuxième chakra est orange et est situé sous l'abdomen. Elle est liée à la créativité, à la capacité de donner et de recevoir, nourrit le système immunitaire et harmonise les émotions.

Le troisième chakra est   et est situé dans le plexus solaire (deux doigts au-dessus du nombril). Il est responsable de la production de chaleur dans le corps. C'est le chakra des émotions. Il nourrit l'estomac, le foie, la vésicule biliaire, la rate et le système nerveux.

Le quatrième chakra est de couleur verte   et est le chakra lié au cœur. C'est le siège des sentiments et de l'amour inconditionnel. Il nourrit le cœur et le système circulatoire.

Le cinquième chakra est bleu, situé dans la gorge est le centre de communication. Il correspond à la glande thyroïde.

Le sixième chakra est de couleur indigo et est situé entre les sourcils. C'est le troisième œil, la clairvoyance, l'intuition. C'est le centre où l'enseignant interne est contacté.

Le septième chakra est violet, il est dans la couronne et correspond à l'au-delà, à la divinité, à la spiritualité.

Lorsque les chakras fonctionnent normalement, ils tournent dans le **sens des aiguilles d'une montre** pour traiter les énergies dont ils ont besoin à partir du champ universel. La courbe dans le sens des aiguilles d'une montre extrait l'énergie de l'univers et la transporte vers le chakra, le chakra est dit ouvert aux énergies.

Lorsque le chakra **tourne** dans le sens inverse des aiguilles d'une montre, le courant d'énergie circule du corps vers l'extérieur, interférant avec l'assimilation des énergies. C'est-à-dire que les énergies dont nous avons besoin ne coulent pas vers le chakra, par conséquent, le chakra est fermé aux énergies.

Los sentidos del péndulo y el flujo energético.

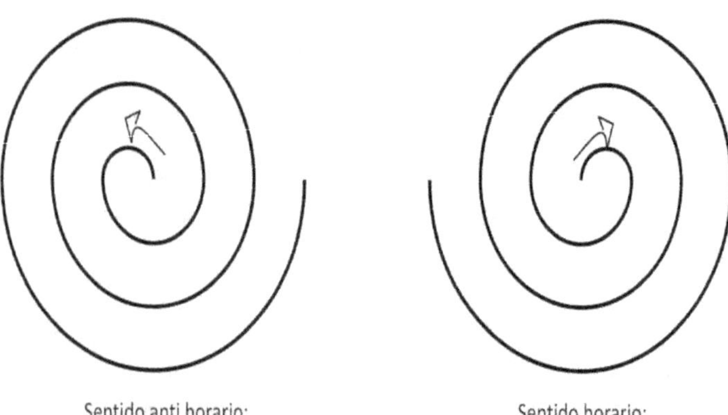

La plupart des gens ont trois ou quatre chakras qui tournent **dans le sens inverse des aiguilles d'une montre** à un moment donné, avec le pendule, nous pouvons les équilibrer. Puisque les chakras ne sont pas seulement métabolisés avec de l'énergie, mais aussi révélateurs de celle-ci, ils fournissent des informations sur le monde qui nous entoure. Lorsque les chakras circulent dans le sens inverse des aiguilles d'une montre, nous libérons notre énergie en l'envoyant dans le monde, détectons l'énergie que nous envoyons et disons que c'est le monde. La psychologie s'appelle la projection.

Codes pour mesurer les énergies des chakras

R = en faveur de la montre

Perception ouverte et claire de la réalité, vie satisfaisante.

CR = horloge opposée.

Expériences fermées, disharmonieuses, bloquantes et négatives.

I = propriété.

Il ne métabolise pas l'énergie qui peut conduire à la maladie.

H = horizontal

Il conserve de l'énergie et des sentiments pour lui-même. Vous vous sentez seul, abandonné. Rétention des sentiments pour éviter les interactions personnelles.

V = vertical

Il détourne l'énergie, évite les interactions personnelles.
MS = axe mobile

Changement, chaos.

DD = diagonale droite

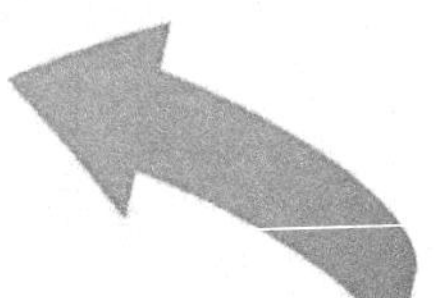

Surcharge d'énergie masculine et agressivité. Colère, anxiété, colère, angoisse, peur, rejet, insécurité.
DI = diagonale gauche

Surcharge d'énergie féminine et de passivité. Fatigué, dépression, tristesse.

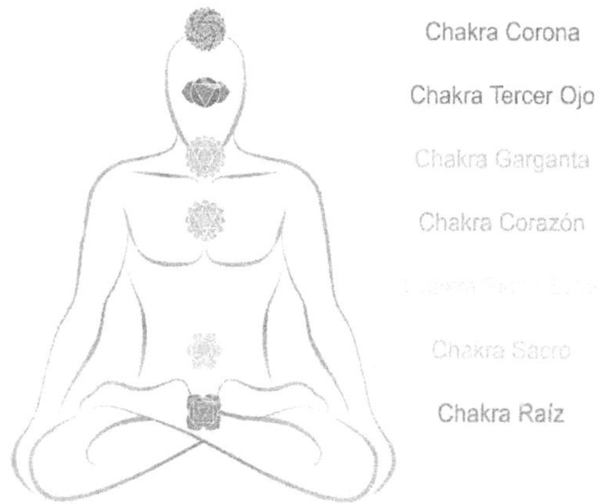

Lorsque nous travaillons sur le champ énergétique d'une personne ou d'un autre être vivant, nous pouvons percevoir les zones où le pendule va se balancer, en observant leur comportement lorsque nous traversons le corps de la personne.

Lorsque nous travaillons sur le champ énergétique d'une personne ou d'un autre être vivant, nous pouvons percevoir les zones où le pendule va se balancer, en observant leur comportement lorsque nous traversons le corps de la personne.

Pour mesurer les chakras, demandez à la personne de s'allonger sur le dos. En tenant le pendule à environ 4 ou 5 centimètres du corps de celui-ci, nous allons passer le pendule sur la zone de ses 7 chakras. Lorsque le pendule montre une petite vibration, nous nous arrêterons sur la zone pour permettre au travail de restauration de l'énergie de commencer.

Gardez à l'esprit, pour votre prochain diagnostic, que les mouvements ont leur signification.

- Dans le sens inverse des aiguilles d'une montre : le pendule va dissoudre une stagnation énergétique.

- Dans une direction droite : le pendule va « couper » une masse d'énergie dense, en essayant de changer le sens de rotation ou de corriger la direction dans laquelle ce chakra gère l'énergie.

– Dans le sens des aiguilles d'une montre : le pendule scelle la zone après un travail de dissociation. Pour son utilisation, le pendule doit être autorisé à fonctionner dans la zone jusqu'à ce que tout mouvement cesse.

La taille et la direction du balancement du pendule indiquent la quantité et la direction de l'énergie circulant à travers le chakra.

Il est essentiel d'avoir de la patience, du pouls et une bonne posture, en évitant en tout cas d'influencer le mouvement du pendule, afin qu'il puisse faire son travail sans interférence de notre part. L'idéal est de garder l'esprit vide.

Remarque : il est appelé « ouvert » ou « fermé » juste pour référence, mais JAMAIS aucun chakra n'est fermé, cela ne se produit que lorsque la personne est décédée.

Ce sont les meilleures couleurs et pierres à utiliser dans le processus de guérison des chakras.

1- Rouge, gris, noir. Agate rouge, corail rouge, rubis, acériné, quartz fumé, obsidienne.

2- Orange, cornaline brune, calcite dorée, pierre de lune.

3- Jaune, ambre doré, agrumes, oeil de tigre, topaze, saphir jaune, pyrite.

4- Vert, rose. Quartz vert, quartz rose, jade, tourmaline, malachite.

5- Bleu. Quartz bleu, aigue-marine, saphir bleu, calcédoine, turquoise

6- Indigo bleu Agades indigo, lapis-lazuli, calcite, quartz blanc, sodalite.

7- Améthyste violette, quartz blanc, agate pourpre, diamant, sélénite.

Si vous voulez mesurer vos chakras, vous pouvez utiliser ce graphique et savoir à quoi ressemblent vos énergies.

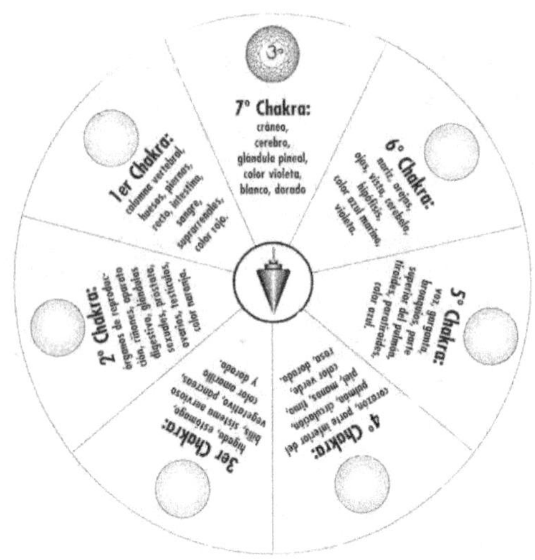

Carence énergétique basée sur la couleur

La chromothérapie ou chromothérapie est l'un des domaines de recherche les plus intéressants des thérapies modernes. Les utilisations thérapeutiques de la couleur sont connues depuis des milliers d'années, mais sa connaissance était généralement limitée aux groupes ésotériques.

Une fois que vous avez compris quelle est votre couleur de résonance, commencez à l'utiliser sur vos vêtements autant que possible, dans les limites du bon goût.

Vous constaterez que vous vous sentez plus énergique et moins susceptible de contracter des maladies. Chaque fois que vous vous sentez fatigué, gardez des rubans ou des arcs de cette couleur et regardez-les. Peignez votre chambre de cette couleur, afin que vos rayons vous baignent pendant que vous dormez.

Tenez le pendule au-dessus de chaque couleur et demandez : « Est-ce que je manque de rouge ? » Est-ce que je manque d'orange ? et continuez jusqu'à ce que la liste soit complète. Si le pendule oscille positivement dans l'une des couleurs, faites une marque ci-dessous et continuez à demander.

Lorsque vous avez terminé, vous constaterez probablement que vous avez une déficience de deux ou trois couleurs. C'est normal. Dans très peu de cas, surtout après une crise émotionnelle, les gens ont besoin de plus de trois, parfois tout le spectre.

Quels qu'ils soient, vous devez les récupérer. Ceci est réalisé de plusieurs façons. Certaines personnes utilisent des lampes colorées et font en sorte que le patient se sente sous une certaine couleur pendant un certain temps. Si vous utilisez cette méthode, vous pouvez utiliser le pendule pour savoir combien de temps il doit rester sous la lampe. D'autres font boire au patient des verres d'eau colorés. Pour ce faire, un filtre de couleur est placé sur un verre d'eau plein et exposé au soleil pendant un certain temps. L'énergie provenant du soleil, lorsqu'elle passe à travers le filtre, décharge la couleur dans l'eau. Vous pouvez vérifier le temps requis pour cela par le pendule et également savoir combien de verres d'eau vous avez besoin à un moment donné.

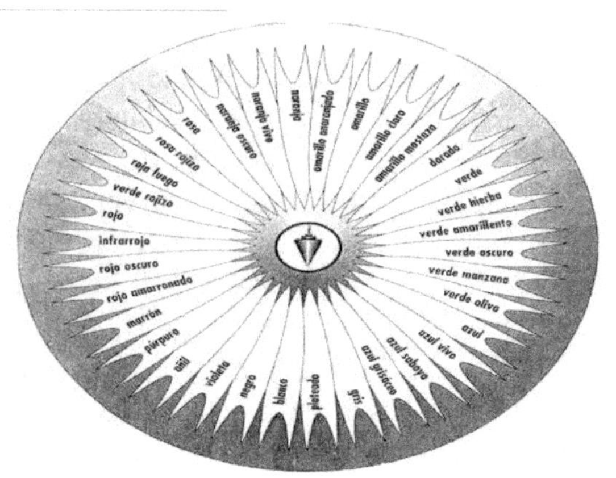

rosa
rosa rojiza
rojo fuego
verde rojizo
rojo
infrarrojo
rojo oscuro
rojo amarronado
marrón
púrpura
añil
violeta
negro
blanco
plateado
gris
azul grisáceo
azul sahara
azul vivo
azul
verde oliva
verde manzana
verde oscuro
verde amarillento
verde hierba
verde
dorado
amarillo mostaza
amarillo claro
amarillo
amarillo anaranjado
naranja
naranja vivo
naranja oscuro

Bibliographie

8/24/2019
https://despabilate.com/agesta-codigos-sagrados-lista-completa/
AGESTA, José Gabriel Uribe Codes sacrés, LISTE COMPLÈTE

Note : Ce livre contient des chansons publiées par l'auteur dans ses livres précédents : « Money for All Pockets » et « Love for All Hearts ».

Épilogue

La vie en vaudra la peine tant qu'il y aura des êtres dans le monde capables de faire de la magie quand ils ressentent une passion !

La magie a travaillé tout le temps pour ceux qui maîtrisent ses secrets. Au cours des siècles, la magie a été utilisée à toutes sortes de fins. La magie est partout, il suffit de regarder attentivement. Tout au long de notre vie, nous avons vécu d'innombrables expériences et événements qui prouvent que la magie existe, bien que certains préfèrent les appeler des miracles.

La magie est un pont qui vous permet de passer du monde visible au monde invisible. Et apprenez les leçons des deux mondes.

À propos de l'auteur

En plus de ses connaissances astrologiques, Alina Rubi a une riche formation professionnelle ; il a obtenu des certifications en psychologie, hypnose, Reiki, bioénergétique guérie avec Cristal, Angelicales Sa nation, intégration des rêves et est un maître spirituel. Il a une connaissance de la gemmologie, qu'il utilise pour programmer des pierres ou des minéraux et les transformer en puissantes amulettes protectrices ou talismans.

Rubi a un caractère pratique et axé sur les résultats, ce qui lui a permis d'avoir une vision spéciale et intégrative de divers mondes, facilitant la solution à des problèmes spécifiques. Alina écrit des horoscopes mensuels pour le site de l'American Association of Astrologers, vous pouvez les lire sur le site www.astrologers.com. Pendant cette période, il a écrit une chronique hebdomadaire dans le journal El Nuevo Herald sur des sujets spirituels, publiée tous les vendredis en format numérique et le lundi imprimé. Il a sa propre chronique numérique sur l'astrologie dans la revue Diario las Américas, Rubi Astrologa.

Rubi écrit plusieurs articles sur l'astrologie pour la publication mensuelle « Today's Astrologer », enseigné l'astrologie, le tarot, la lecture manuelle, l'astronomie et l'ésotérisme. Ayez un Facebook live le lundi de chaque mois sur votre page Facebook avec l'horoscope hebdomadaire. Il avait son propre programme d'astrologie diffusé quotidiennement par Flamingo T. V., a été interviewé par plusieurs programmes T. V. et la radio, chaque année son « Annuaire astrologique » est publiée avec l'horoscope signe par signe et d'autres sujets mystiques intéressants.

Elle est l'auteur du livre « Rice and Beans for the Soul », un recueil d'articles ésotériques, publié en anglais et en espagnol, « Money for All Pockets », « Love for All Hearts » faisant partie de cette trilogie de sorts et de rituels.

Rubi parle parfaitement anglais et espagnol, combinant tous ses talents et ses connaissances dans ses lectures. Il réside actuellement à Miami, en Floride.

* 9 7 9 8 2 1 5 1 3 5 8 1 5 *